UNIVERSITÉ DE TOULOUSE — FACULTÉ DE DROIT

JUGES

ET

TRIBUNAUX AGRICOLES

La Juridiction Consulaire étendue à l'Agriculture

THÈSE POUR LE DOCTORAT

PAR

F.-H. CATENAC

AVOCAT

TOULOUSE
IMPRIMERIE SAINT-CYPRIEN
27, ALLÉES DE GARONNE, 27

1899

UNIVERSITÉ DE TOULOUSE — FACULTÉ DE DROIT

JUGES

ET

TRIBUNAUX AGRICOLES

La Juridiction Consulaire étendue à l'Agriculture

THÈSE POUR LE DOCTORAT

PAR

F.-H. CATENAC

AVOCAT

TOULOUSE
IMPRIMERIE SAINT-CYPRIEN
27, ALLÉES DE GARONNE, 27

1899

MEIS ET AMICIS

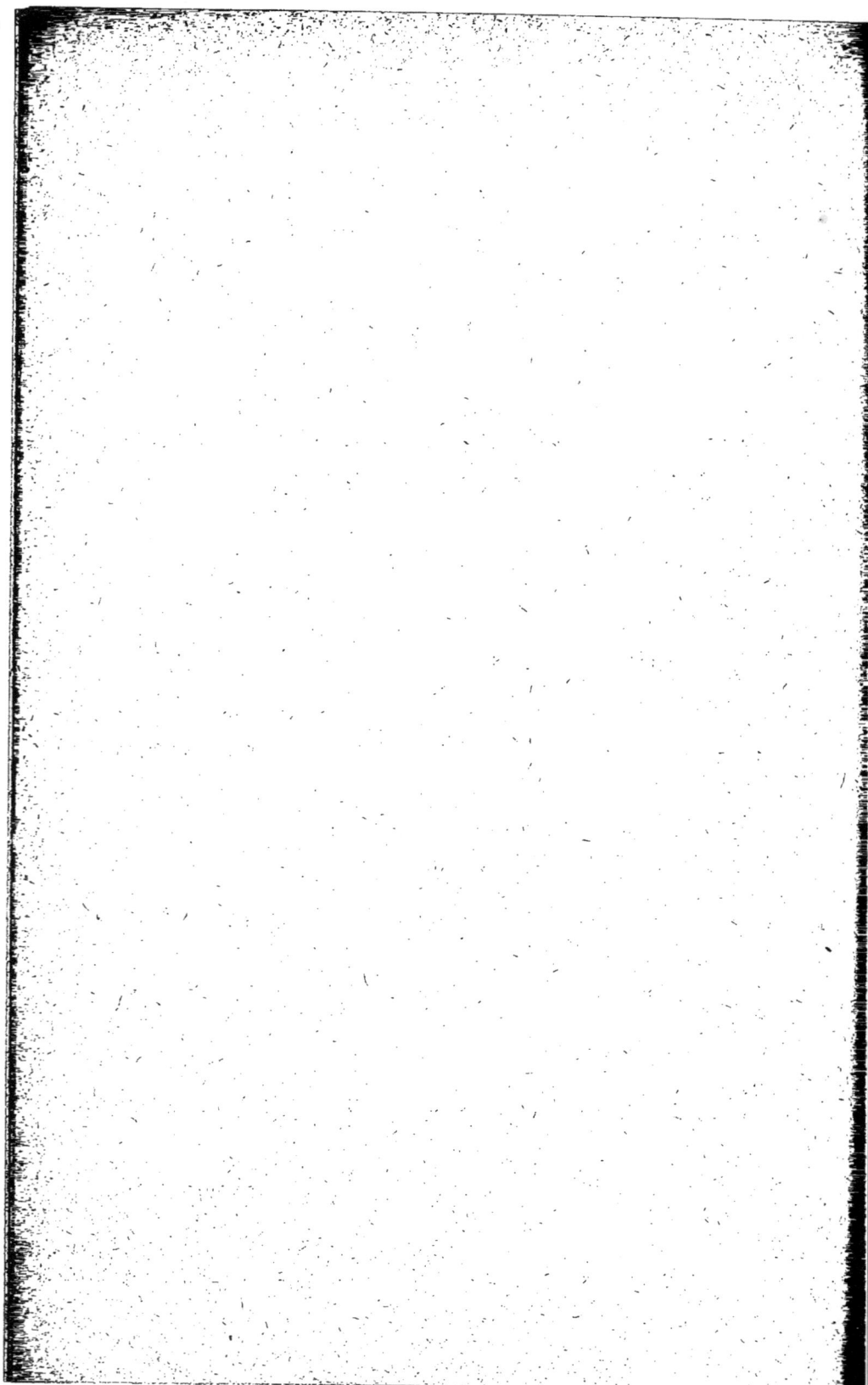

BIBLIOGRAPHIE

Accarias. — Précis de Droit romain.

Annales de l'Ecole libre des sciences politiques, 1886.

Annuaire de Législation étrangère de 1870 à 1897.

Babeau. — Le village sous l'ancien régime.

Beaumanoir. — Coutume de Beauvoisis.

Bedarride. — De la Juridiction commerciale.

Boutaric. — La France sous Philippe le Bel.

Bouthorst. — Les sources du Droit rural.

Campistron, professeur à la Faculté de Droit de Toulouse. — Cours de Législation rurale.

Cappeau. — Traité de Législation rurale.

Carré. — Des Justices de Paix.

Code Théodosien.

Coquille. — Coutume de Nivernais.

Corpus Juris civilis.

Correspondant (Le), revue, 1894.

Coutume de l'Albigeois.

Coutume du Roussillon.

VI

CRUPPI. — La Cour d'assises.

DALLOZ.

DESPIAU, professeur à la Faculté de Droit de Toulouse. — Cours de Législation industrielle.

Digeste.

DONIOL. — Histoire des classes rurales.

Economiste français (L'), 20 nov. 1886, La juridiction des prud'hommes, par Bérard-Varagnas.

FONS. — Usages locaux du département de la Haute-Garonne.

FUSTEL DE COULANGES. — Recherches sur quelques problèmes d'histoire.

GARSONNET (E.). — Histoire de la location perpétuelle des terres et des baux à longue durée.

GENEVOIS (E.). — Histoire critique de la Législation consulaire.

GIRAUD. — Histoire du Droit français au moyen âge.

GLASSON (E.). — Histoire du Droit et des Institutions de l'Angleterre. 6 vol.

GLASSON (E.). — Histoire du Droit et des Institutions de la France.

GLASSON (E.). — Histoire du Droit et des Institutions romaines.

Grand Coutumier (Le).

GUIZOT. — Histoire de la Civilisation française.

HUMBERT. — Des Agrimensores,

VII

Journal Officiel, 1882. Sénat, Documents parlementaires, pp. 3471 et s. et 506 et s.

— 1885. Ch. des dép., p. 703. Tribunaux d'appel des Conseils de prud'hommes.

— 1888. Sénat. Annexes n° 23, Les prud'hommes commerciaux.

— 1894. Ch. des dép. Annexes n° 631, p. 819, Conseils de prud'hommes agricoles.

— 1897. Ch. des dép. Annexes n° 2214 et 2253, p. 208, Les Tribunaux d'agriculture.

LOYSEAU. — Des basses Justices de village.

LYON-CAEN. — Droit commercial.

MARTIN (G.). — Les Justices de Paix en France.

MATHIEU (Mgr), archevêque de Toulouse. — L'ancien Régime dans la province de Lorraine.

MOMMSEN. — Les Gramatici veteres.

MONTESQUIEU. — L'Esprit des Lois.

NOUGUIER. — Des Tribunaux de commerce.

PARDESSUS. — Loi Salique.

PROU. — Coutume de Lorris.

Revue critique de Législation, 1888.

Revue pratique de Droit français, t. VIII et IX.

SÉGÉRAL (A.). — Des attributions des Justices de Paix en matière civile.

VIII

———

INTRODUCTION

L'agriculture, le premier des arts dans l'antiquité et qui tend de nos jours à devenir une véritable science, celle de faire produire au sol avec ou sans culture toutes les matières premières, au point de vue économique, est une des principales branches de l'activité humaine. « Elle est partout une des parties essentielles de l'économie nationale ; en France, elle est sans contredit, malgré le développement de l'industrie et du commerce, très importante, et elle occupe aujourd'hui, sur les marchés du monde, une place si grande qu'il est désirable de la mieux connaître et de lui donner dans chaque pays et particulièrement dans le nôtre, la place qui lui convient *avec les perfectionnements de tous genres qu'elle réclame* (1). »

Au cours de ce siècle, l'enseignement agricole a été développé (2), des conseils d'agriculture ont été créés (3), le crédit, des banques agricoles institués (4),

---

(1) Revue, *Le Correspondant*, année 1894, t. II, p. 1077.

(2) Belgique, L. 16 av. 1890 ; Saint-Gall (Suisse), 1885 ; Portugal, 13 juin 1888 ; Guatémala, 25 av. 1888 ; Brésil, 1890.

(3) Belgique, L. 18 oct. 1889 ; Alsace-Lorraine, 25 janv. 1888 ; Bade, 26 déc. 1891.

(4) Russie, 24 janv. 1884 ; Belgique, 15 av. 1884, Italie. 1888 ; Brésil, 1890 ; Roumanie, 20 mai/10 juin 1892, 28 mars/9 avr. 1894 ; Bulgarie, 23 déc. 1894.

1

la juridiction et la police rurales organisés (1), des Codes ruraux promulgués (2), un peu partout.

En France, les pouvoirs publics, conseils municipaux, d'arrondissement, généraux, Parlement; les assemblées professionnelles, comices, sociétés, syndicats, chambres, se sont préoccupés beaucoup de la question agricole, question d'ailleurs vitale pour notre pays où l'agriculture est tellement pratiquée qu'il n'existe pas, sauf la Belgique, d'autres contrées en Europe dont la proportion de terres cultivées soit plus élevée par rapport à la superficie totale. Sur les 51,557,720 hectares de notre territoire continental actuel, près de 40 millions sont utilisés par l'agriculture. De tous côtés on a demandé, on demande toujours des réformes économiques en faveur des agriculteurs, la classe la plus nombreuse de la nation, près de 25 millions d'individus. Depuis longtemps, on cherche et on y est parvenu en partie, à leur faire obtenir à bon marché le crédit nécessaire pour améliorer leur condition générale d'exploitation, transformer leur outillage et apporter à la terre les éléments de fertilisation que la science découvre chaque jour, à leur donner par une vulgarisation bien comprise et bien organisée de l'enseignement agricole les notions élémentaires et supérieures de science agronomique qui leur font trop souvent défaut. De là, l'établissement

(1) Bâle (ville), 1er fév. 1875; Prusse, 1er avr. 1888; Alsace-Lorraine, 8 avr. 1888; Bavière, 21 avr. 1884; Grande-Bretagne, 13 août 1888; Genève, 21 oct. 1888; Grand-Duché de Bade, 30 oct. 1889; Egypte, 2 nov. 1890; Saxe, Brême, Hambourg, 1892.

(2) Belgique, 1886; République Argentine, 13 août 1893; Hongrie, 31 mai 1894.

de fermes modèles dans chaque département, d'écoles supérieures dans certaines régions, à Montpellier, notamment, d'instituts dans de grandes villes comme Toulouse, etc. Des sections d'études agricoles ont été dernièrement autorisées dans les Universités par le Conseil de l'Instruction publique. Pour la recherche des perfectionnements et la défense de leurs intérêts, des syndicats sont constitués depuis la loi de 1884. Ces réunions d'agriculteurs se tenant à l'écart des agitations politiques, rendent les plus grands services et facilitent la solution d'un grand nombre de questions. En ce qui touche le crédit agricole, quoiqu'il ait été combattu vivement par une certaine école économiste qui soutient que ce crédit sera funeste à ceux qu'il prétend favoriser et quoiqu'il entraîne sans doute une difficile application, grâce à M. Méline, ancien président du Conseil et ministre de l'Agriculture, il a été institué ou plutôt affermi tout dernièrement par la loi du 24 juillet 1898 (1), qui a réglementé les warrants agricoles. Cette institution réclamée auparavant mais inutilement en 1866, 1879, 1890, 1891, aujourd'hui très largement utilisée par le commerce, profitera, nous en sommes certains, à l'agriculture.

D'autre part, pour faciliter les communications, de grandes routes ont été ouvertes, des voies de navigation ont été soit améliorées, soit creusées, soit comme le Canal du Midi il y a peu de temps, rendues à la circulation. Des chemins de fer ont été construits de tous côtés couvrant notre pays d'un filet dont les mailles se resserrent journellement de plus en plus.

(1) *Journal officiel*, 1898. Chambre des députés.

Les Compagnies ont pris des décisions d'accord avec les Ministres des travaux publics pour faire bénéficier des tarifs spéciaux de grande et de petite vitesse dont les grands propriétaires ruraux et les négociants en gros jouissaient seuls, également les petits agriculteurs. Ces derniers, en outre, ont vu réduire dans une équitable proportion les charges et les impôts qui les grèvent. Les petites cotes foncières de moins de 25 fr. ont été en 1897 exemptées de contribution et ainsi plus de trois millions de petits propriétaires ruraux ont été dégrevés. Antérieurement, à diverses reprises, on avait accordé d'autres remises ou diminutions de l'impôt foncier et on poursuit le but de le supprimer totalement quand on aura trouvé une autre taxe de remplacement.

Bien d'autres réformes sont examinées et près d'aboutir. Beaucoup ont été conçues et ne sont point toutefois nées. On a rêvé de doter l'Agriculture d'un Code spécial où seraient réunis à l'usage de la classe agricole toutes les lois la concernant et codifiée la plus grande partie des usages qui la régissent encore de nos jours. Un projet de Code rural fut présenté en 1854, un autre le fut beaucoup plus tard au Sénat le 13 juillet 1876. Le dernier date de 1881 ; quelques parties seulement, celle qui porte modification des articles du Code civil relatifs à la mitoyenneté des clôtures, aux plantations et aux droits de passage en cas d'enclave, celle concernant les chemins et sentiers d'exploitations (1), ainsi que celle qui est relative au régime des eaux (2) ont été étudiées, votées par le

(1) Lois du 20 août 1881. — (2) Loi du 8 avril 1898.

Parlement et sont actuellement en vigueur. L'opinion publique, l'intérêt de l'agriculture demandent tous les jours l'entière promulgation du Code rural. Son apparition légale n'est qu'une question de temps. Il existe d'ailleurs en fait, car déjà depuis longtemps on désigne même dans les Facultés de droit, sous ce nom, tout ce qui législativement ou coutumièrement rentre dans l'ensemble des principes qui régissent l'agriculture, les opérations agricoles et les personnes qui s'y livrent. Il y a en effet un droit spécial à l'agriculture composé des lois qui ont été édictées à propos de questions rurales et des usages en vigueur depuis des siècles dans nos campagnes et qui n'ont point été abolis par des mesures législatives. Le droit civil n'a pas eu la prétention de régler tous les rapports des agriculteurs entr'eux. L'agriculture depuis surtout qu'elle a pris de l'extension, a cherché et cherche à s'affranchir de plus en plus des règles souvent compliquées du droit civil dont on lui fait l'application, à leur en substituer d'autres, par besoin de liberté, de rapidité dans ses mouvements, d'une grande rigueur dans l'exécution des engagements. Cette branche spéciale et importante de la législation qui protège toutes les institutions agricoles, toujours plus nombreuses, comme les bourses, les banques, les sociétés, les syndicats, les assurances, les warrants, le crédit, etc., etc., voilà ce qui constitue et constituera ce qu'on appelle déjà par anticipation le Code rural.

En France donc, l'agriculture a son droit particulier, comme le commerce a le sien ; elle n'a pas cependant pour l'appliquer comme lui de tribunaux spéciaux. Elle relève du droit commun à ce point de vue,

les tribunaux civils tranchent ses différends. Par leur
ignorance des choses agricoles, par les lenteurs de
leur procédure, incompatibles avec les nécessités
rurales qui réclament très souvent une solution rapide, par l'exagération de leurs frais de justice, par
leur centralisation au chef-lieu d'arrondissement qui
oblige le paysan, pour un procès quelque peu important ou que le juge de paix ne peut régler, à se transporter loin de chez lui, ces tribunaux lui créent de
nombreux ennuis, une grande gêne. On s'est déjà
préoccupé et même assez souvent, nous le verrons
par la suite, d'apporter des améliorations à cette situation. Frappé des inconvénients qui résultent de
cette soumission, nous avons eu la pensée d'attirer à
nouveau l'attention plus compétente, plus savante de
ceux qui se préoccupent du sort de notre agriculture,
des maux dont elle souffre et des remèdes qu'on peut
apporter encore à quelques-uns pour atténuer la crise
fâcheuse où elle se débat malgré les soulagements
qu'on lui a déjà offerts.

De là, cet ouvrage, composé de deux parties. La
première historique où nous nous efforcerons de montrer que des juges exclusivement agricoles, que des
tribunaux entièrement composés d'agriculteurs ou du
moins en grande partie, ont existé dans l'antiquité,
à Rome, par exemple, et dans les temps modernes en
France et dans certains pays étrangers. Notre sujet
nous amènera souvent à en effleurer d'autres auxquels d'étroits liens de parenté le rattachent et nous
obligera à expliquer en quelques lignes le régime et
la division des terres, notamment, ce que furent la
mark germanique et franque, le manuse gaulois, la

main-ferme française, la colonge alsacienne et suisse,
le manor anglais, le fronuhof allemand, et à parler
aussi à l'occasion, mais en peu de mots sans doute,
de la condition des personnes et de l'organisation sociale, politique, surtout judiciaire, et de quelques institutions des peuples que nous citerons. Tout cela sera
nécessaire pour montrer de quelle façon apparurent
à diverses époques les magistrats agrariens. Nous
verrons ainsi que des juridictions rurales ont souvent
existé dans l'histoire judiciaire et que par conséquent
la rénovation que nous en poursuivrons n'est point
aussi chimérique, aussi nouvelle qu'elle le paraît au
premier abord.

La deuxième partie relatera d'abord les tentatives
qui ont été faites, dans la seconde moitié de ce siècle,
pour implanter une juridiction agricole dans notre
pays. Plus particulièrement théorique ensuite, elle
comprendra une application des principes qui sont
la base des tribunaux de commerce et des conseils
de prud'hommes à l'agriculture. Elle envisagera un
certain nombre de critiques que cette idée soulèvera
et présentera les arguments qui militent en sa faveur
avant d'arriver à la conclusion.

PREMIÈRE PARTIE

Juges et Tribunaux agricoles.

Dans la nuit des temps, chez les peuples les plus divers, du moins les plus connus de l'antiquité, nous trouverions certainement trace d'une juridiction agricole. Il est incontestable en effet qu'à l'origine, alors que l'agriculture sous sa forme primitive de la chasse, de la pêche, développée ensuite par le travail du sol, était le seul moyen d'existence pour les hommes, les discussions qui surgirent vinrent naturellement et uniquement d'elle. Le premier qui, ayant enclos son terrain en disant ceci est à moi et trouva des gens assez simples pour le croire (1), fonda la propriété et ouvrit en même temps l'ère des difficultés sociales et agricoles. Ceux qui furent appelés à faire autant que possible régner l'ordre et la justice, furent nécessairement des juges agricoles. Ce ne fut que bien plus tard, quand la société se fut considérablement développée et que d'autres arts que celui de l'agriculture aidèrent à satisfaire les besoins de

---

(1) Rousseau, *Contrat social*.

l'homme, qu'un droit commun s'établit pour juger les uns et les autres. Il aurait été assez intéressant de montrer davantage l'évolution qui dut se faire à cet égard, mais cet hors-d'œuvre aurait trop allongé cette étude. Nous nous sommes borné et, dans nos recherches de la justice et des juges agricoles dans le passé, c'est Rome qui la première a attiré notre curiosité.

CHAPITRE PREMIER

Les Juges agricoles à Rome.

A Rome, comme on sait, l'organisation de la justice fut surtout populaire. L'élection d'ailleurs était un principe généralement appliqué, car les fonctions publiques elles-mêmes étaient électives. Les magistrats, chargés de la justice, émanaient directement ou indirectement du libre choix de leurs concitoyens. Dans la pure doctrine romaine primitive, le règlement d'une contestation, particulièrement en matière civile, était une affaire qui n'intéressait pas l'Etat. Le juge n'était pas imposé par l'Etat, il était choisi par les parties. Le système formulaire n'avait établi qu'une restriction, le juge du fait devait être pris, selon le procès, parmi les individus figurant sur l'*Album judicum*. Le préteur tenait la main à cette obligation en présentant aux plaideurs un nom qu'ils pouvaient récuser aisément jusqu'à ce qu'ils se fussent mis d'accord sur celui qu'ils acceptaient et qui était toujours un homme ayant une connaissance particulière de l'affaire. Le personnage choisi ainsi par eux prenait une appellation légèrement différente ; d'après la nature du litige, on le qualifiait soit *judex, stricto sensu*, soit *judex arbiter* ou plus simplement *arbiter*, suivant que l'affaire était *stricti juris* ou non.

SECTION PREMIÈRE

LE JUDEX

Le *judex* n'était autre qu'un simple particulier inscrit sur la liste des *selecti judices* auquel le magistrat renvoyait le litige ; désigné, *datus*, par le préteur, accepté par les parties, il était investi du droit d'examiner l'affaire (*judicia*) et de la trancher par une sentence qui consistait en un simple oui, ou un simple non, acceptant ou rejetant la prétention du demandeur ; l'application du droit d'une façon stricte lui était imposée et le préteur ne faisait que la sanctionner, l'enregistrer à peu près de la même manière que le président d'assises reçoit de nos jours la décision du jury. Il est évident qu'avec un pareil système tout procès quel qu'il fût trouvait un homme compétent, soit professionnellement soit autrement pour le résoudre, et une question agricole notamment devait être tranchée plutôt par un Cincinnatus ou un Caton l'Ancien que par un étranger à la culture du sol. Le *judex* chargé d'interpréter strictement la loi était, suivant nous, par la façon dont il était constitué, un juge agricole chaque fois qu'il prononçait en matière agricole.

SECTION II

L'ARBITER

§ 1er. *Le Judex arbiter.* — § 2. *L'arbiter ex compromisso.*

§ 1er. — *Le Judex arbiter.* — Le *Judex*, en cela d'ailleurs, n'était pas le seul juge, il y en avait également un autre, appelé déjà plus haut *Judex arbiter*, et plus simplement *arbiter* et désigné de la même manière que le premier par le préteur. Celui-ci, cependant, dans la désignation de l'*arbiter*, avait un peu plus de latitude sur les individus qu'il avait à proposer aux « parties »; il n'était point tenu de limiter son choix aux personnes portées sur la liste officielle des *selecti judices;* il pouvait prendre qui bon lui semblait, et, naturellement, sa pensée se portait vers ceux qui, par profession ou par goût, s'occupaient plus spécialement des cas en litige; pour une question agricole, un agriculteur était toujours appelé à la trancher de préférence. Le préteur n'était point non plus obligé de limiter son choix à un personnage, comme il l'était pour le *Judex,* qui devait toujours statuer seul, mais il pouvait donner autant d'*arbitri* qu'en désiraient les parties, et en général c'était devant trois arbitres, formant un véritable tribunal, qu'on portait la difficulté. Leur fonction, *arbitrium,* était très différente de la fonction du Judex, *Judicium.* Beaucoup plus libres que ce dernier, enserré dans les règles du Droit strict, ils jouissaient, en effet, à l'égard des jugements qu'ils avaient à donner, d'une très large liberté d'appréciation : « Quid est in Judicio, » dit Cicéron, dans un passage de son discours, « pro Roscio? directum, asperum, simplex, si paret HSIƆƆ dari opportere... Quid est in arbitrio, mite, moderatum, quantum æquius melius id dari. » Ils étaient appelés à formuler leur avis en se basant sur l'équité, sur les cas à eux soumis, et que les lois ordinaires ne visaient pas ou visaient imparfaitement. C'étaient les juges ruraux par excellence, car, en matière agricole, les usages surtout, plutôt que les lois, régissent les individus et les propriétés. Aussi, presque toutes les contestations soulevées en agriculture leur étaient-elles soumises, sauf celles qui étaient réservées spécialement au *Judex*.

Les *arbitri* statuaient entre propriétaires voisins sur les limites de leurs propriétés, *arbitrium finium regundorum*, ou, pour le cas de dommages causés par l'eau de pluie, *arbitrium de aqua arcenda*, ou, pour les difficultés entre cohéritiers relativement au partage de l'hérédité, *arbitrium familiæ herciscundæ*, et sur une foule d'autres cas du même genre.

L'arbitrium finium regundorum était, de tous, le plus important, et celui à propos duquel ils étaient appelés le plus souvent à se prononcer. Il pouvait embrasser un triple objet : 1º le rétablissement des limites ou bornes déplacées ou arrachées ; 2º le bornage, quand les limites étaient confuses ou n'avaient pas été déterminées par des signes apparents ou n'étaient pas commodément établies ; 3º la délimitation, alors qu'il y avait controverse sur l'étendue respective des deux immeubles contigus (*controversia de loco*). Cela correspondait, semble-t-il, aux trois actions du droit français que nous voudrions voir examiner et juger à l'avenir par des magistrats ruraux, car nos juges de paix, qui décident souvent sur elles pour les deux premières tout au moins, ne connaissent pas toujours les usages des lieux. Ces actions sont : l'action pour déplacement de bornes, l'action en bornage et l'action pétitoire en délimitation. L'*actio finium regundorum* était une action civile *in personam* et arbitraire (*arbitria*) entre toutes, en ce sens que l'office du juge lui permettait, après avoir résolu par une sentence interlocutoire la question de l'*intentio* contre le défendeur, de lui prescrire, par son *arbitrium,* une certaine satisfaction moyennant laquelle il éviterait la condamnation aux dommages-intérêts et serait, au contraire, absous. Cette restitution consistait : 1° soit à abattre un arbre ou une construction empiétant sur la limite, soit à rétablir les bornes ou les pieds corniers (*arbores finales*) ; 2° soit à subir le mesurage et à poser des bornes ; 3° soit à restituer le terrain usurpé. Cette action, quelquefois (1), tenait lieu aussi de la revendication quand le procès présupposait une controverse *de loco* à résoudre avant le placement des bornes ou une restitution du terrain prétendu usurpé.

Tout ce qui précède montre suffisamment combien la mission des *arbitri* était étendue. Le Droit romain leur faisait en effet une très large place et la procédure appliquée pour les nombreuses actions dites *arbitria* s'appelait la *judicis arbitrive postulatio* et était une des cinq formes de procéder désignées sous le nom de *legis actiones*. Les *arbitri* jouaient donc un rôle considérable dans la législation de Rome. On peut même dire qu'à l'époque formulaire, alors que le Droit se transmettait plutôt par tradition orale et était le monopole d'une classe privilégiée, les patriciens, on recourait de préférence à eux au lieu d'aller au *judex*, toutes les fois que l'*actio* n'était pas *stricti juris* ou même qu'il y avait doute sur son caractère (*condictiones incerti, actiones artitriœ*). Leur

(1) Fr. 1, *Dig. fin. reg.*, X, 1.

liberté d'appréciation qui n'était point enchaînée dans d'étroites limites comme celle du *judex*, leur réunion en tribunal composé ordinairement de trois juges, pairs de leurs justiciables, donnaient aux parties une plus grande confiance dans leur impartialité et leur connaissance des usages et une certitude à voir leur cas mieux examiné, mieux discuté et mieux tranché. Le *judex* était le juge exceptionnel, les *arbitri*, le champ de leur compétence était si vaste alors, étaient les juges ordinaires.

Mais leur importance alla en s'affaiblissant dès que parut la Loi des XII Tables qui promulgua les principes du droit romain et favorisa davantage le *judex* qui devint le véritable juge du droit commun. Cette loi enleva, en outre, aux arbitres, l'*arbitrium finium regundorum* pour en confier le règlement aux *agrimensores* dont nous parlerons plus loin; c'était leur enlever leur principale attribution (1). La distinction entre le *judex* et l'*arbiter* s'effaça dans la pratique et à l'époque classique on ne vit plus trace du second qui s'était confondu avec le premier. Le *judex* fut alors, comme nos juges de première Instance qui jugent commercialement, là où il n'y a pas de tribunal de commerce, il jugea *arbitrairement* dans le sens juridique du mot. Celui-ci se modifia également un peu. De juge choisi pour chaque affaire, il tendit à devenir permanent, à s'installer « en pied », à être un magistrat tel que nous le concevons de nos jours. Le préteur concourut à cette transformation en s'habituant à prendre toujours les mêmes dans l'*al-*

(1) Cicero., *De leg.*, I, 21.

bum judicum pour exercer la fonction de justice et
les justiciables aussi en ne repoussant pas le choix
du préteur. Au point de vue agricole, cela était de-
venu indifférent car les Romains, par la conquête
d'abord de leurs voisins, puis par celle du Monde,
rendus puissants et riches d'autres richesses que
celles données par l'art agricole, avaient négligé et
déserté à peu près complètement la culture des
champs, autrefois très en honneur parmi eux, vantée
par Cicéron, comme l'occupation la plus digne d'un
homme libre(1), pour vivre dans l'oisiveté, le luxe et
la corruption.

§ 2. — *L'arbiter ex compromisso*. — Les juges exclusivement agricoles ne disparurent cependant pas,
car il y eut bien toujours des agriculteurs ayant des
difficultés personnelles, des terres, des domaines qui
donnèrent lieu entre propriétaires à des procès *ratione
materiæ*. Il y eut encore des *arbitri*. Mais ceux-ci
n'eurent point le caractère des précédents, appelés
judices arbitri, ce qui indiquait suffisamment leurs
pouvoirs et leurs attributions, à la fois juges et arbitres, consacrés par le magistrat qui en faisait ainsi
pour l'affaire qui leur était soumise des officiers publics dont le mandat sans doute expirait avec l'affaire, mais qui n'en étaient pas moins de véritables
juges à sentence exécutoire par l'autorité publique.
Ceux qui nous occupent pour le moment ne leur rés-
semblèrent que par le nom; ils furent tout simplement
des arbitres comme nous entendons ce mot, de nos
jours, choisis amiablement par les parties ayant un

(1) Cicero, *De Officiis*, I, 42.

2

désaccord et désireuses d'y mettre fin sans avoir recours aux formalités judiciaires. La convention par laquelle elles faisaient choix de l'*arbiter* et s'engageaient sous une peine pécuniaire à se conformer à sa décision s'appelait *compromissum*, compromis. L'*arbiter*, ici, était un juge absolument privé, à l'institution duquel les pouvoirs publics ne participaient en aucune manière. L'arbitre ou les arbitres qui avaient accepté la mission qu'on leur confiait étaient tenus de statuer et, en cas de refus, ils s'exposaient à y être contraints par le magistrat. Les pouvoirs de *l'arbiter ex compromisso* étaient déterminées par le compromis, par conséquent limités et d'autre part sa sentence ne pouvait être l'objet d'une exécution forcée. Il en était autrement du *judex arbiter*.

Nous ne nous arrêterons pas plus longuement à ces *arbitri* bâtards. Nous n'en n'avons parlé que parce qu'ils jouèrent un rôle dans les contestations rurales.

SECTION III

LES AGRIMENSORES
§ Ier. *Sous la République.* — § II. *Sous l'Empire.*

Les *Agrimensores* furent d'autres juges agricoles, mais plus particulièrement spéciaux à l'agriculture. Ils existèrent de bonne heure sous la République, avant même de remplacer après la loi des XII Tables les *arbitri judices* dans une grande partie de leurs attributions judiciaires. Ils subsistèrent durant tout l'empire romain en voyant même leur compétence s'accroître à une certaine époque assez largement pour en faire des juges agricoles très importants.

§ Ier. Les *agrimensores sous la République romaine.*
— Ils étaient, comme leur nom l'indique, des mesureurs des champs, des géomètres, des arpenteurs. Leur rôle devint rapidement des plus importants quand la loi des XII Tables eut déclaré que les champs seraient séparés par un espace intermédiaire *(finis)* de cinq pieds dont la moitié était prise sur chacune des terres contiguës (1) et que l'action en règlement de limites *(Finium regundorum actio)* serait confiée à trois arbitres spéciaux, habiles dans l'art de l'arpentage. C'était instituer des juges particulièrement agricoles, dont les jugements devaient nécessairement avoir auprès des justiciables grande autorité à raison de leur compétence technique. Déterminer les limites *(regere fines)* de deux fonds de terre *(prædia rustica)* fut d'abord leur seule mission (2). La contestation sur la limite devait toujours être retrouvée par des procédés professionnels, après visite des lieux. Les *agrimensores* furent à l'égard du *finis* des juges arbitres dans la forme du *sacramentum* ou de la *judicis postulatio* et non de simples experts, puisqu'il n'y avait pas lieu d'appliquer les principes du droit mais seulement les principes de leur art. Une loi, dite *Mamilia,* dont la date est incertaine, vint apporter une modification; elle réduisit le nombre des arbitres à un seul, qui devait être choisi par les intéressés par un compromis, ce à quoi la loi des XII Tables n'obligeait

---

(1) Cet intervalle qui n'était pas susceptible *d'usucapio* servait souvent de sentier mais on n'était pas astreint à le laisser sans culture ou sans plantations.

(2) Cic., *De Leg. agr.,* I, 21.

pas antérieurement (1). Cet arbitre unique devait consulter les bornes, les livres du cens, les titres, en un mot tout ce qu'on appelait *observabilia*. Il était compétent seulement pour statuer dans les controverses sur le *finis (controversiæ de fine)*. Dans ce cas, après avoir rempli les formalités exigées, c'est-à-dire la descente sur les lieux en présence des parties qui étaient appelées à *demonstrare finis*, il jouait le rôle de juge. Mais il en était autrement pour les questions de propriété, il ne devait jamais statuer dans le cas de controverse *de loco*, c'est-à-dire quand le litige s'étendait au delà de cinq pieds (2), ni dans celui *d'usucapion* (3). Dans ces cas là, il fallait recourir au Judex ordinaire qui était seul compétent et qui alors n'appelait l'*agrimensor* qu'en qualité d'expert pour lui donner les renseignements techniques et l'aider à retrouver les anciennes limites, etc. Le juge vidait la controverse d'après les principes du droit sur la propriété et l'usacapion (4). Il en était de même quand il s'agissait du bornage et du déplacement de bornes.

Durant cette première période les attributions des *agrimensores* étaient donc assez limitées, quoique déjà suffisamment importantes pour justifier et nécessiter leur existence; nous allons voir dans la deuxième, qu'ils acquirent avec les Empereurs une plus grande influence, une plus grande autorité et que leurs pouvoirs de juges s'étendirent notablement.

(1) Fr. 44, *Dig.*, IV, 8.
(2) Fr. 50, pr. *Dig.* L., 167.
(3) Fr. 11, *Dig.*, X, 1, *fin. reg*.
(4) Fr. 4, pr., § 1 ; fr. 8, § 1, *Dig.*, X, 1.

§ 2. — *Les agrimensores sous l'Empire romain.* — Octave, après qu'il eut assis son pouvoir sur la République romaine mourante, décréta une série de grandes dispositions. Il fit faire un mesurage général de l'Empire qu'avait déjà entrepris Jules César ; il fit faire ensuite un recueil de toutes les mesures de longueur usitées dans les villes et les provinces, établir un commentaire des formes de délimitation et des règlements relatifs aux limites et dresser plus tard, peu à peu, un cadastre des propriétés privées. Le recensement des personnes et des fortunes qu'il avait également ordonné et qui nécessita par territoire de cité la rédaction de registres où l'on trouvait des indications sur les possessions de chaque contribuable avec une estimation de leur valeur, avait préparé ce cadastre. Toutes ces mesures importantes avaient naturellement nécessité l'intervention des géomètres, des *agrimensores*. On comprend donc combien à cette époque ils durent acquérir d'importance. Et, en effet, organisés déjà en corporation, ils furent facilement convertis en fonctionnaires. Pour assurer leur recrutement et les former, on établit des écoles spéciales. On les para de titres honorables, on les appela *Togati Augustorum* et même *Clarissimi*, et on leur donna des appointements considérables, sous forme, non de salaire (*merces*) mais d'honoraires (*honorarium*), donnant lieu en leur faveur à une *cognitio extraordinaria* (1). Ils furent de véritables juges spéciaux pour trancher les difficultés rurales, dont les décisions, à cause de leur grande autorité morale dont ils jouis-

(1) Ulpien, fr. 1, *Dig.*, L, 13. *De extraordin. cognit.*

saient, étaient recherchées et respectées plus particulièrement. Certains empereurs, Valentinien II, Théodose, Arcadius, en 385, étendirent leur compétence, et
non seulement ils purent statuer comme des juges ordinaires sur les controverses *de fine*, mais également
sur les controverses *de loco* (1). Cette époque fut l'apogée de leur grandeur judiciaire, elle ne dura pas et
l'ancienne distinction fut rétablie en 392 (2). Néanmoins, si on doit en croire Cassiodore, le système de
Valentinien et des autres empereurs se maintint avec
faveur dans l'empire d'Occident, particulièrement en
Italie et en Gaule, jusqu'à Justinien (3). Cet empereur
enleva aux *agrimensores* toutes leurs attributions judiciaires, les réduisit au rôle de simples experts et
donna au juge ordinaire la décision dans tous les cas,
quelle que fût la controverse. Les deux controverses *de
fine* et *de loco*, avaient d'ailleurs été réunies dans le
Code qui porte son nom (4). Au surplus, par une autre
mutilation de la constitution de Valentinien, Justinien avait supprimé aussi l'imprescriptibilité et l'ensemble des règles relatives au *finis* de cinq pieds, il
avait réglementé la matière à nouveau en 530, en introduisant la prescription de trente ans pour toutes
les contestations sur les limites. Les *agrimensores*
avaient définitivement vécu comme juges. On ne vit
plus dans l'Empire de juges spéciaux pour trancher
certains conflits. Le pouvoir impérial avait réalisé

(1) C. IV, c., Theod., II, 26, *fin, reg.*
(2) C. V, c., Theod., II, 26; c. I, c., Theod., IV, 14.
(3) Cassiodore, *Œuvres*, publiées par Garet, Rouen.
(4) C. III, V, VI, c., Just., III, 39; c. I, § 1, C. Just., VII, 40.

l'unité dans la justice comme dans le gouvernement.
Les magistrats de droit commun connurent de tous
les différends.

Nous ne parlerons pas des *judices pedanei* du Bas-
Empire qui, dans le milieu où ils furent placés et par
leurs attributions, très limitées, il est vrai, étaient
sans doute souvent appelés à statuer sur de petits
procès agricoles mais qu'on ne peut point, malgré cela
cependant, considérer comme des juges exclusivement agricoles, car, c'étaient selon l'opinion la plus
accréditée, de simples particuliers auxquels le juge
ordinaire pouvait déléguer la connaissance des causes moins importantes quelles qu'elles fussent, n'ex-
cédant pas *300 solidi*. Ils étaient au bas de la hiérar-
chie judiciaire, comme le sont chez nous les juges de
paix (1).

(1) L. V, c., *De ped. jud.*, III, 3; nov. 82 cap. 5; L., 2 c., *De
ped. jud.*; L. 6, pr. C., *De adv. jud.*, II, 8; L., 63, c.. Theod., *De
app.*, XI, 30; Paul, X, 28.

CHAPITRE II

La Justice agricole chez les Francs.

Après avoir constaté chez les Romains l'existence de magistrats propres à l'agriculture, nous allons voir, dans le présent chapitre, quelle fut l'organisation judiciaire à ce même point de vue chez nos ancêtres les Francs.

Les Francs, de même race que les Germains, eurent, comme eux, une constitution politique économique et judiciaire dès plus démocratiques et conservèrent longtemps parmi les peuples qu'ils soumirent à leur domination les vieilles mœurs et les anciennes coutumes germaniques dont nous parle Tacite, dans son livre sur la Germanie.

Leurs chefs étaient élus par les guerriers assemblés (1). Ils pratiquèrent la communauté des terres qu'ils désignèrent sous le terme particulier de *Mark*, c'est-à-dire le domaine public opposé à la propriété privée. C'est l'*ager* de Tacite; ce terme germanique de *Mark* signifia primitivement un signe, une borne, une limite et plus tard désigna la terre enfermée dans des limites. Les terres indivises appartenaient à l'Etat et chaque individu n'exerçait sur elles que des droits de jouissance mesurés en principe suivant ses be-

(1) V. Fustel de Coulanges, *Recherches sur quelques problèmes d'histoire.*

soins(1). La Justice procèda du même esprit égalitaire et démocratique. Mais avant d'en parler, nous tenons à insister davantage sur ce que fut la condition du sol et celle de ses cultivateurs au commencement de notre histoire nationale. Cela nous amènera naturellement à la Justice agricole, qui doit surtout nous préoccuper dans cet ouvrage.

SECTION PREMIÈRE

LA MARK

La *Mark* se divisait en trois parties, dont l'une était destinée aux habitations. Chaque membre de la tribu recevait en propriété pleine et héréditaire un terrain suffisant pour y bâtir une maison, une grange, l'agrémenter d'un verger et d'un jardin et l'entourer d'une haie ou d'un mur élevé à ses frais. On appelait toute cette portion, terre salique, ce qui signifiait d'après la définition de Montesquieu : « l'enceinte qui dépendait de la maison du Germain et qui était la seule propriété qu'il eut (2) ». Il n'y avait pas dans la *Mark* d'autre propriété privée et l'égalité la plus scrupuleuse présidait à la distribution du sol qui la constituait. La *Mark* était dans son sens le plus précis, la partie non bâtie et inhabitée du village.

Les bois, les prairies, les pâturages, les terres incultes, les eaux, formaient la seconde partie et un domaine commun dont tous les habitants du village

(1) *Lex salica*, XLIV, Pardessus ; *Lex Burgundiorum*, XXIII ; L IV, 3 ; XCII, *Lex Alamannorum*, L XXXII.
(2) Montesquieu, *Esprit des Lois*, liv. XVIII, ch. XXII.

pouvaient user librement, sous la réglementation
assez minutieuse cependant de lois qui prescrivaient
les coupes, les partages des bois et le nombre de têtes
de bétail que chacun pouvait amener paître sur les
pâturages publics, etc. Des droits de chasse, de pêche, de vaine pâture existaient au profit des *commarchani*, c'est-à-dire des communistes de la *Mark*,
sur toutes les parties même divisés de la *Mark*.
Aucun d'eux n'avait le droit exclusif de chasser sur
la terre qui lui appartenait par droit de partage ou
d'occupation : une peine était encourue par celui qui
tuait même sur sa propriété le gibier blessé et
poursuivi par un autre chasseur (1), et l'obligation lui
était imposée s'il tendait des pièges, d'en avertir ses
commarchani ou de réparer le dommage qu'il avait
pu leur causer. Pour le droit de pêche, il en était
de même, car il était assimilé par la loi salique au
droit de chasse. La vaine pâture avait lieu après
la moisson ou la vendange sur les champs qui étaient
clos et sur ceux qui ne l'étaient pas dès qu'ils ne portaient plus de fruits.

La troisième partie de la *Mark* était constituée
par les terres cultivables. Divisées en régions suivant
leur exposition, la nature et la qualité du sol, elles
étaient mises alternativement en culture ou en ja-
chère et livrées dans ce dernier cas à la vaine pâture.
Ces régions étaient divisées elles-mêmes en autant
de lots que la *Mark* comptait de co-propriétaires.
Une part était donnée à chacun d'eux dans chaque
région pour qu'il put récolter quelque chose dans

(1) *Lex salica*, **XXXVI**, 4 et 5 ; Pardessus, p. 299.

l'année. Les terres labourables étaient cultivées par des serfs de la glèbe qui étaient distincts des esclaves proprement dits. Tenus seulement de redevances dont le paiement se conciliait avec une certaine liberté personnelle (1) et qui furent plus tard les serfs et manants de la féodalité, taillables et corvéables à merci par leurs seigneurs, ils n'étaient pas comme les esclaves de Rome, « classés et attachés aux divers emplois du service domestique, ils avaient leur habitation qu'ils tenaient à leur gré; le maître leur imposait comme à des fermiers une certaine redevance en blé, en bétail, en vêtements, et là, se bornait leur servitude (2) ». César et Tacite disent (3) : « Il n'y a pas chez les Germains (chez les Francs non plus) de propriété privée : les magistrats fixent tous les ans à chaque famille l'étendue et l'emplacement des terres qu'elle devra cultiver et l'année finie l'obligent à en changer... Ils occupent en masse les champs qu'ils peuvent cultiver et les partagent selon les rangs; leur étendue facilite la répartition et ils en changent tous les ans... » Le partage était chez les Germains et chez les Francs l'unique source du droit individuel appliqué à la possession du sol. Il n'était jamais définitif, puisque à des époques fixes les terres faisaient retour à la communauté pour être soumises à une nouvelle distribution. La *Mark* était la dispensatrice par conséquent de la possession individuelle, la communauté de ses habitants à qui le

(1) Tacite, *De mor. Germ.*
(2) Tacite, *De Mor. Germ.*, 25.
(3) Cæsar, *De bell. Gall.*, VI, 22; Tacite, *De Mor. Germ.*, 26.

sol appartenait en conférait la jouissance à ses membres.

Telle était la *Mark* au point de vue réel, foncier ; elle était, en outre, une *Universitas* (1), c'est-à-dire une association de personnes appelées les *Commarchani*, déjà nommés, réunis pour l'exploitation et la jouissance en commun du territoire de la *Mark* qui semble parfois se confondre, par son étendue et par ses attributions, avec la *Centaine*, l'unité territoriale politique et judiciaire franque. Mais la *Mark*, malgré ses analogies, avait à côté des divisions politiques, administratives et judiciaires des Franks, une existence propre et un *Mall*, composé de la même manière que celui de la Centaine mais spécialement recruté parmi elle, jugeait les différends à elle propres. Aucun étranger ne pouvait entrer dans l'association sans le consentement unanime de ses membres ou s'il n'avait joui pendant un an d'une tolérance qui équivalait à leur consentement tacite ; il participait alors, une fois admis parmi eux, à leurs droits, privilèges et devoirs. Il devait l'hospitalité aux voyageurs et un asile aux bestiaux égarés ; il répondait des crimes et des délits commis sur le territoire de la *Mark* ou dont l'auteur s'y était réfugié ; il payait, s'il n'était pas découvert, la composition due à sa victime. Il devait aide et assistance dans le péril : quiconque, au combat, abandonnait ses pairs en danger devait, chez les Alamans, une amende de 80 sous d'or (2). En compensation, il bénéficiait de tous les avantages de

(1) *Lex Burgundiorum*, XLIX, 3.
(2) *Lex Alamannorum*, XCVI, p. 78.

l'association et notamment il participait au partage
du sol, il jouissait des libertés de la *Mark* et des
jouissances traditionnelles des communistes.

La communauté était justicière de tous les nombreux conflits qui surgissaient de l'inobservation des
lois dont nous avons cherché à donner par les lignes
précédentes un certain aperçu, et qui régissaient la
constitution de la *Mark* réelle et personnelle. Ses
membres assemblés dans un *Mall* spécial avaient juridiction pour la défense de ses droits et le maintien
de la paix publique. Les contestations relatives aux
partages, bornages et clôtures, les plaintes pour abus
ou exclusions arbitraires des jouissances communes,
les délits divers contre la propriété telle qu'elle était
constituée alors, les crimes contre les personnes, les
admissions ou les exclusions des étrangers à la *Mark*,
etc., etc., étaient soumises à ce tribunal particulièrement agricole qui jugeait suivant la coutume de la
Mark.

SECTION II

LE MALL OU TRIBUNAL AGRICOLE DE LA MARK

L'assemblée judiciaire de la *Mark*, chez les Franks
saliens, portait le nom de *Mall* (lieu où l'on discute,
de *Mathl* entretien, *Mathljan* parler) (1). Les juges
avaient en effet la mission de chercher et de « dire »
le droit. Pour aller en justice, le demandeur se servait

_____

(1) *Loi salique,* XLIV et suiv.

de la formule suivante: « *Ego vos tangano ut legem dicatis*»(1). Le terme *Mall* appartenait exclusivement à l'assemblée judiciaire, il ne désignait jamais ni les assemblées locales, ni l'assemblée générale de la tribu. *Mallare*, assigner, signifie littéralement parler à quelqu'un devant la justice. Les citoyens qui participaient au jugement étaient appelés *gamalli*, l'ajourné *admallatus*. Le lieu où siègeait le tribunal, nommé *Mallberg*, parce que suivant un usage qu'on rencontre chez toutes les tribus germaniques, il se réunissait sur une colline, en plein air, en présence du peuple (2).

Le président du tribunal était le *thunginus* ou *centenarius*, l'assemblée judiciaire était formée par les *rachimbourgs*. Le *thunginus* était le chef de la centaine, l'unité politique des Francs, dont l'élection, quoique la Loi Salique ne le dise pas était faite, semble-t-il, comme du temps de Tacite par l'assemblée générale de la tribu. Placé sous sa présidence, le tribunal de la *Mark* conservait dans toute son intégrité le caractère de justice populaire que lui assignaient les traditions germaniques. Le *thunginus* convoquait le *Mall* quand il ne l'était pas à jour fixe, il dirigeait les débats, maintenait l'ordre, veillait à l'accomplissement des formalités légales, recevait les dépositions des témoins, aidait les membres du *Mall* « à dire le Droit », recueillait les voix et prononçait la sentence à haute voix, *coram populo*, mais sans jamais prendre une part personnelle au jugement qui était l'œu-

(1) *Loi salique*, LVII, Pardessus.
(2) *Loi salique*, XLVI.

vre exclusive des *rachimbourgs*. Ce titre désignait tous les hommes libres de la *Mark* siégeant au *Mall* dans leurs fonctions judiciaires. Ils se plaçaient sur quatre bancs disposés en face du siège du *thunginus* (1) pour participer à l'exercice du pouvoir judiciaire qui n'était pas seulement un droit mais un devoir. Tous les assistants en effet devaient prendre part à la sentence sous peine d'amende au profit de la communauté, mais seuls, ils rendaient les jugements, et leur opinion s'imposait au *thunginus* qui ne faisait que prononcer suivant leur avis. « Ce qu'ils prononcent, dit M. Sohm, est un verdict et ce verdict est l'arrêt lui-même ; il a, pour celui qui préside, la valeur non d'un simple conseil, mais d'une obligation. » Certains auteurs, comme M. Fustel de Coulanges (2), élèvent bien à ce sujet quelques critiques et déclarent que la théorie d'un tribunal populaire présidé par un chef inerte et docile est une « pure hypothèse imaginée par l'audace extrême des érudits allemands ». Mais le plus grand nombre viennent confirmer ce que nous avons dit. Parmi ceux-là, on peut citer M. Thonissen (3), l'érudit professeur à l'Université de Louvain. D'ailleurs, l'opinion de M. Fustel de Coulanges ne fait que critiquer celle de Tacite, au sujet du système judiciaire populaire des Germains. Par la pénurie de textes ou le vague de ceux qui existent, M. Fustel de Coulanges a beau jeu pour discu-

---

(1) *Loi salique*, Pardessus, p. 354.

(2) Fustel de Coulanges, *Recherches sur quelques problêmes d'histoire.*

(3) Thonissen, *Loi salique.* Organisation judiciaire.

ter. Il n'en est point toutefois de même pour ce qui regarde les Francs dont nous nous occupons seuls ici. Les documents sont nombreux et même de sources diverses. Et on n'a pas seulement sur la matière la loi salique, mais aussi la loi ripuaire et les Codes des Burgondes, des Wisigoths, des Lombards, des Bavarois. Cette tradition en effet qui devait remonter aux Germains était générale chez tous les peuples de race germanique. Le nombre des *rachimbourgs* était illimité puisque tous les citoyens étaient aptes aux fonctions de juges. Mais il fallait toujours la présence de sept membres au moins pour que le tribunal fût valablement constitué, c'est ce qui résulte bien nettement du titre LVII de la loi Salique. (1)

Le *thunginus* et les *rachimbourgs* formaient ainsi le tribunal de la *Mark*. Ils siégeaient, si les affaires étaient nombreuses et importantes, depuis le matin jusqu'au soir. Leurs séances étaient de deux espèces, ordinaire et extraordinaire. On n'a pas de renseignements précis sur la détermination des jours des séances ordinaires du *Mall*. A peu près tous les auteurs sont en désaccord là dessus.

Le *Mall* jugeait toutes les causes intéressant spécialement la *Mark* ; il tranchait avec toute compétence les conflits qui s'élevaient entre les *commarchani*. Et quand nous aurons dit qu'il était identique à celui de la centaine, nous aurons épuisé le sujet. — La *centaine*, comme nous avons déjà eu l'occasion de le dire, était dans l'organisation franque une circonscription territoriale politique, administrative et judi-

(1) Lois des Alamans et des Bavarois.

ciaire ayant pour chef le *thunginus* ou *centenarius*, déjà nommé, et pour tribunal, une assemblée composée de tous les hommes libres de la *centaine*, appelée le *Mall ;* ce terme désignait indistinctement toute réunion de la tribu, de la centaine ou de la *mark*, en vue de la fonction de justice. La *Mark* était une subdivision foncière de la centaine, avec des privilèges spéciaux, mais une organisation à peu près analogue. Cette institution, dont les caractères essentiels ne changèrent point par le temps, qui fut toujours l'*ager*, décrit par Tacite, garda toute sa force sous les deux premières races des rois francs, mérovingienne et carlovingienne, alors que la centaine avait perdu son importance primitive pour la céder au *pagus* dont le comte fut le chef. Plus tard seulement, la Féodalité mit en péril l'antique liberté et les jouissances traditionnelles de la Mark qui se transforma en d'autres institutions à peu près analogues que nous verrons au chapitre suivant. Les communistes sentirent alors le besoin de donner à leur droit une consécration plus solennelle ; ils l'obtinrent de l'autorité publique, intervenant par ses lois ou ses décrets ou des chartes octroyées librement ou non par les seigneurs. La justice continua longtemps à être rendue en France suivant les vieilles traditions germaniques par les pairs de chacun, alors même que bien des choses se furent altérées, notamment la propriété qui, de collective, devint privée. C'est ainsi que, aussi bien en Allemagne, en Angleterre et ailleurs, on la vit répartie entre tous, et, suivant les classes, il y eut une justice féodale, une justice bourgeoise, une justice ecclésiastique et une justice colongère. Cette dernière (1), agricole dans son organisation et dans son but, nous intéressera dans un prochain chapitre où nous lui consacrons une assez large étude.

(1) Fustel de Coulanges, *Recherches sur quelques problèmes d'histoire.*

CHAPITRE III

La Justice agricole aux temps de la Féodalité.

La féodalité, née de l'anarchie qui suivit la mort de Charlemagne, sous le règne de ses successeurs, et consacrée officiellement avec Charles le Chauve par le capitulaire de Kiersy-sur-Oise, modifia profondément l'état des personnes et des choses. Les troubles répétés de l'époque amenèrent du cinquième au dixième siècle, une concentration des unes et des autres dans les mains de quelques puissants. Le nombre des propriétaires d'*alleux* c'est-à-dire d'hommes libres cultivant des terres libres, indépendants de tous liens de sujétion, diminua de jour en jour. Ceux qui se trouvaient dispersés et éloignés les uns des autres, ne se sentant pas assez forts pour résister aux vexations et aux violences de voisins ambitieux, se placèrent par un acte solennel de *recommandation* (1), sous la protection soit du roi, soit de l'Eglise, soit d'un particulier puissant par sa fortune et leur offrirent leurs *alleux* pour ne les détenir ensuite de leur protecteur qu'à titre de tenanciers désignés suivant la nature du contrat, avec des noms différents de mansiers, main-fermiers, colongers, etc., etc., sous la condition qu'ils

(1) Garsonnet, *Histoire des Locations perpétuelles*, ch. II, p. 210.

jouiraient de certains de leurs anciens privilèges et
prérogatives d'hommes libres, entre autres de celui
d'être toujours justiciables d'un plaid général, de ne
pouvoir être accusés, ni jugés que par jugement de
leurs pairs. Les faibles s'alliant ainsi avec des forts
formèrent de véritables associations qui obligèrent les
parties contractantes à des droits et des devoirs réci-
proques. L'association d'ailleurs fut très en honneur
au Moyen Age. Augustin Thierry, dans l'introduction
de ses *Récits des temps Mérovingiens* (2), nous a fait
connaître l'esprit et l'organisation des confraternités
ou *ghildes*. Le principe qui créa ces *ghildes* s'est toujours retrouvé par la suite ; les communes jurées, les
hanses de commerce, les confréries de métiers, les
bourgeoisies en furent des applications. Les chartes
et les statuts qui nous les font connaître reflètent les
traits caractéristiques de l'association barbare : association qui avait ses chefs et ses juges électifs, sa
caisse sociale, ses banquets réguliers et à frais communs ; pour lien le serment prêté, pour garantie l'intérêt solidaire de chacun de ses membres ; pour sanc-
tion des peines sévères contre celui qui manquait à
la foi jurée, ou ne se conformait pas à la décision
de la justice. Furent également des applications de
la *ghilde* les associations foncières formées par des
hommes libres pour la culture de la terre et qui furent
toutes, sous quel que nom qu'on les désigne, une forme
de la location perpétuelle des terres, qui nous a valu
un remarquable ouvrage de M. Garsonnet, le savant

---

(1) A. Thierry, *Récits des Temps mérovingiens*, tome I, p. 268 et
suiv.

auteur, à qui nous avons emprunté un grand nombre de renseignements concernant ces sociétés (1).

Le cadre restreint de cet ouvrage ne nous permet pas de les faire rentrer toutes ici et nous sommes pour ce motif obligé de nous contenter de mentionner seulement les associations agricoles que furent le bail héréditaire d'Alsace, l'albergement du Bugey, la locatairerie perpétuelle du Languedoc, la métairie perpétuelle de la Marche et du Limousin, le complant de la Vendée, le domaine congéable de Bretagne, etc., etc. Elles étaient régies par les coutumes régionales, par les statuts locaux à propos desquels se fondèrent une doctrine et une jurisprudence qu'appliquèrent des tribunaux propres à elles. Mais nous allons en présenter un certain nombre d'autres avec quelques détails qui suffiront amplement à montrer en faveur de notre thèse que la juridiction spécialement agricole fut d'une application assez générale en France.

SECTION PREMIÈRE

LE MANSE

La grande propriété qui se constitua par la réunion des terres entre les mains de quelques-uns se rattache à l'ancienne *Mark* collective qui disparut avec l'établissement de la féodalité, par sa division en *Manses* et par la conservation de presque toutes les

---

(1) Garsonnet, *Histoire des Locations perpétuelles des terres et des baux à longue durée.*

anciennes coutumes des libres communautés germaniques. Le *Manse* qui n'était point une tenure, mais
une unité territoriale (1) était un fonds rustique d'une
certaine étendue comprenant une habitation avec
les bâtiments, jardins et vergers qui en dépendaient (2) et des terres de diverse nature, champs,
prés ou vignes, cultivées ou incultes. Tous les *Manses*
d'un même domaine étaient quelquefois égaux, c'était
là certainement encore un souvenir de la *Mark*. Au
centre du domaine était le chef-lieu de l'exploitation,
mansus dominicus, exploité par le propriétaire lui-
même ou par ses agents, et qui par son caractère de
principal manoir avait droit aux cens et aux services
que lui devaient les autres *Manses*. Ce sera plus tard
le *chief manor* en Angleterre, le *fronhof* en Allemagne et la terre salique dans les *colonges* d'Alsace.
Autour du *Manse* dominical se groupaient les terres
qui en dépendaient. Elles portaient des noms divers.
Les manses autres avaient différents qualificatifs. On
les appelait les *ingenuiles*, c'étaient les plus grands;
les *lidiles*, enfin les *serviles*. Mais ils ne différaient
les uns des autres ni par leur nature ni par la condition personnelle de leurs possesseurs, mais seulement
par l'étendue de leurs services. Tous les *manses* devaient des prestations en nature, cependant les con-
tributions de guerre en charriots, bœufs et moutons
destinés aux transports et approvisionnements de l'ar-
mée, les dons des tenanciers à leur seigneur quand il
était tenu de faire des présents au roi ne pesaient pas

(1) Hanauër, *Les Paysans de l'Alsace au Moyen-Age*, p. 55 et suiv.
(2) *Lex Alamannorum*, LXXXIII, 2 et suiv.

également sur tous ; par contre des redevances étaient
spéciales à certains. La possession d'un *Manse* donnait
des droits à l'usage des forêts seigneuriales. Ils rem-
plaçaient les droits de jouissance qu'avaient les *commarchani* dans une *mark* libre sur les parties indivises du territoire. Les manses par leur réunion
formèrent des espèces de villages qui exigèrent des
règlements à propos des rapports respectifs des hommes qui les exploitaient.

Un droit spécial, en effet, régissait les rapports des
tenanciers entre eux et avec le seigneur ; une justice
spéciale en faisait l'application, car, de bonne heure,
l'usage s'établit de ne pas soumettre aux tribunaux
de droit commun des contestations qui ne relevaient
pas du droit commun, et comme, d'autre part, propriété et souveraineté furent synonymes, *dominium*
exprimait alors ces deux idées, le propriétaire se
trouva naturellement investi à l'égard de ses colons
d'un droit de justice criminelle et civile (1).

Cette justice patrimoniale agricole s'exerçait donc
par la seule vertu du droit de propriété. Les tenanciers seuls relevaient d'elle, car, aux termes de la loi
salique, un tenancier obligé envers un tiers étranger
au domaine était traduit par lui au tribunal du comte.
Le seigneur jugeait ses colons suivant le *jus curiæ*,
les autres personnes suivant le droit commun, et
comme le système de la personnalité des lois était à
cette époque dans toute sa force, il appliquait à chacun sa loi personnelle. Il ne jugeait d'ailleurs qu'avec
le concours de ses hommes, car ils avaient conservé,

(1) Capitulaires de 803, ch. XVI ; 829, ch. IX.

comme je l'ai dit plus haut, des privilèges de la *Mark*, celui de n'être jugé que par leurs pairs. Il présidait en personne, ou son représentant (1) à défaut de lui, de la même manière que le faisait le *thumginus* dans le *Mall* de la *Mark* franque. De même que les *rachimbourgs*, les tenanciers rendaient la sentence, et c'était un devoir pour eux de concourir au jugement comme juges, témoins, ou co-jureurs. Une ou plusieurs fois, généralement trois fois par an, ils siégeaient en un lieu consacré par l'usage. La procédure était orale et publique, et l'affaire s'instruisait suivant les formes du droit commun (2).

Il en fut à peu près ainsi pour d'autres fonds de terre, comme la main-ferme, la colonge, etc.

SECTION II

LA MAIN-FERME

La *Main-ferme* fut une institution agricole du Nord de la France, de la Belgique et du Hainaut. On l'appela ainsi à cause de la sécurité qu'elle procurait au preneur. C'était une tenure concédée sous certaines conditions et à charge de rente annuelle pour toute la vie du preneur et de ses héritiers. Elle avait une juridiction particulière dont tous les mains fermiers faisaient partie. Les tenanciers qui, en effet, possédaient en main ferme des parties d'un même domaine avaient alors le titre d'*échevins*, rendaient à ce titre

---

(1) *Capit.*, de 803, ch. II; 812, ch. II; 864, ch. XVIII.
(2) Garsonnet, *Hist. des loc. perpét. et des baux à longue durée.*

la justice aux autres tenanciers et n'étaient eux-mêmes justiciables que de leurs pairs. « Remarquable
privilège, dit M. Garsonnet, qui ne tenait pas à la
nature du bail, dont l'origine remontait aux anciens usages de la mark germanique et à ceux de la
mansé (1). » Mais, ici comme là, ce privilège, qui conférait un droit, était également un devoir pour les
détenteurs. En effet, les mains-fermes, très communes dans les bailliages d'Arras, de Bapaume, de Lens,
de Douai et de Béthune, obligèrent toujours leurs
tenanciers au service de l'échevinage et à l'assistance
aux trois plaids annuels sous peine de saisie de leurs
héritages, ainsi que de leurs fruits et revenus (2).
L'assemblée judiciaire de la *main-ferme*, réunie sous
la présidence du seigneur, ou de son représentant le
prévôt, siégeait toutes les fois que besoin était, la
règle était généralement trois fois par an, et statuait
dans les mêmes formes à peu près que celles em-

(1) *Ibid.*, *Hist. des loc. perpét.*, etc., p. 410.
(2) Camblain. Châtelain, Artois, art. 5 : « Tous possesseurs, propriétaires de manoirs, terres et héritages tenus dudit échevinage,
sont submis à estre eschevins du dit Cambelin ou qu'ils soient de-
mouranz, quand ils y sont appelés et de payer leur part ou bien
venue ; et s'ils sont reffusans de ce faire, les dits prévots et eschevins peuvent saisir leurs héritages et prendre les fruits et revenus
tant qu'ils auront en ce obey et acquièscé (*Cout. loc*, II, 231). »
Croisettes-en-Ternois, Artois, art. 19 : « ..... Lesquels habitans,
puisqu'ils sont esleux au dit office d'eschevin, ne le peuvent reffu-
ser ; ainz doivent, pour la première fois qu'ils sont instituez au dit
office, et en dedans l'an de son eslection, à ses frères et compai-
gnons eschevins, en la matière accoustumée, un panet ou disner ; et
à ce peuvent être compellez et contrainz par saisissement de leur
tènement et cotterie. » (*Ibid.*, II, 94).

ployées dans le Mall de la mark franque sur toutes les difficultés qui s'élevaient entre-mains fermiers. La *main-ferme*, d'ailleurs, remontait très haut et présentait les plus grandes analogies avec toutes les institutions agricoles, aux noms divers, de cette époque, comme le manse, que nous avons vue, ou la colonge, que nous allons voir immédiatement.

SECTION III

LA COLONGE

La *Colonge* était un contrat par lequel une tenure, semblable à celle de la main-ferme, composée d'un corps de bien considérable, était répartie, moyennant un canon annuel modique, entre plusieurs personnes appelées les *colongers* ou *huber*. Ceux-ci, en outre, étaient tenus de prêter un serment de fidélité au seigneur et de respect aux traditions de la *Colonge*. Ils promettaient d'assister à l'assemblée du *dinghof*, nom spécial qui désignait le tribunal de la *Colonge*, de lui signaler celui qui négligeait la culture de sa tenure (1), qui laissait sa terre en friches ou l'exploitait de manière à compromettre ou à amoindrir la rente en nature que le seigneur percevait sur les fruits, qui ne cultivait pas, en un mot, en bon père de famille ; de lui dénoncer également quiconque commettait un délit contre

---

(1) 1575-1689, Ammerswiller, Alsace : « Tous les huber sont obligés d'avertir, par serment de fidélité quand l'un ou l'autre bien vient en déroute ou devient dommageux. Il faut esnoncer au dinghof tous les préjudices qui pourront arriver (Grimm, IV, 62). »

— 43 —

les droits de la *Colonge*; de ne prononcer aucune sentence par haine ou par faveur; de payer exactement sa rente; de ne point aliéner ni hypothéquer les biens de sa *Colonge* sans le consentement du prévot, et des autres *colongers* et d'en renouveler la déclaration tous les sept ans, s'il en était requis. Telles étaient les principales conditions auxquelles étaient obligés les *huber* à peu près dans toutes les *colonges* et qu'on trouve relatées minutieusement dans des documents que nous ont laissés le Chapitre Saint-Georges-de-Nancy et le prévot de Saint-Hypolite (1).

Cette institution, à peu près spéciale à l'Alsace, remonte à la plus haute antiquité. Elle rappelle assez étroitement celle du *Fronhof* allemand; les *bauernhœfe,* c'est-à-dire les grands domaines ruraux qui dépendaient du *Fronhof* ainsi que le *Fronhofgericht* qui y tenait ses assises périodiques, que nous verrons plus loin, sont une frappante représentation d'elle (2). On rattache la *Colonge* aux traditions primitives de la Germanie. Elle fut, il n'y a point à en douter, à l'origine une *mark.* Elle présenta, en effet, tous les caractères distinctifs de la communauté germanique, que nous rappelons: le droit de préemption des *colongers* quand l'un d'eux aliénait sa tenure; la faculté d'empêcher qu'un nouveau venu fût admis dans la *colonge* sans leur consentement; le serment prêté par eux de dénoncer à la *Colonge* tous les délits commis contre ses droits; le privilège d'une justice particulière où le

(1) Colonge de Saint-Hippolyte, Alsace : Serment des colongers ou huber (Grimm, IV, p. 252).
(2) V. *Infra*, ch. V, sect. II.

principe germanique du jugement par les pairs était fidèlement observé.

Cette justice colongère, chose remarquable, reproduisait jusque dans ses détails les particularités et les vicissitudes de l'organisation judiciaire des Barbares à partir du cinquième siècle. Tous les colongers devaient venir aux plaids sous peine de retrait de leur tenure ou même de prison ; ils n'étaient même pas libérés de leurs obligations judiciaires par l'assistance de quelques-uns d'entre eux au nombre de tantôt douze, tantôt quatorze, appelés pour cela *écherins*, nom qui désignait les *huber* dans leurs fonctions de juges, tous devaient être présents. Les colongers qu'ils fussent libres, qu'ils fussent serfs, figuraient sans distinction aux audiences du *dinghof*, tenues généralement trois fois par an ; quelquefois, cependant, elles étaient plus ou moins nombreuses ; tantôt il y en avait quatre et même davantage, tantôt deux ou même une seule. Elles avaient lieu, habituellement, soit le lundi après la saint Martin d'hiver, suivant la *colonge* de saint Hippolyte (1), soit le jour même de la saint Martin, suivant celle d'Ammerswiller (2). « Ce jour-là, dit le rotule de ce dernier endroit, le Forestier ordonnera à tous les habitants du village de tenir le plaid de Monseigneur ; tous ceux qui ont des terres colongères y seront aussi présents. » Cette tradition remontait à l'ancien usage germain rapporté par Tacite (3), « *centeni ex plebe comites con-*

---

(1) Colonge de Saint-Hippolyte, Alsace (Grimm, IV, p. 252 et suiv.).
(2) *Ibid.*, Ammerswiller, Alsace (Grimm, IV, p. 62 et suiv.).
(3) Tacite, *De mor. Germ.*, XII.

silium simul et auctoritas, adsunt ». Le nombre donc
des juges était illimité puisque tous les colongers
pouvaient l'être, mais pour que le *dinghof* fût valablement constitué, il fallait toujours au moins la présence des douze ou quatorze échevins, cités plus haut,
et si ce *quorum* n'était pas atteint, il était complété
par l'adjonction d'un passant. La présidence du plaid
appartenait au *Schultheiss*, sorte de prévôt élu par
les colongers.

Le *schultheiss* dirigeait les débats, maintenait l'ordre dans l'assemblée et les discussions, veillait à l'accomplissement de toutes les formalités prescrites, recevait les témoignages, aidait au besoin les membres
du *Dinghof* à « *dire le Droit* » de la Colonge, recueillait les voix et proclamait ensuite à haute voix, sans
y prendre aucune part lui-même, la sentence rendue
exclusivement par les colongers. Mais il n'exerçait
ses fonctions que dans les grandes seigneuries. Il
avait dans les petites un suppléant dans la personne
du *maïeur* ou *maire*. Celui-ci jouait aux assemblées
de la bourgade le même rôle que le prévôt. Comme
lui, il convoquait les échevins, et quand il siégeait
en jugement, il leur posait, tant sur le fait que sur le
droit, les questions auxquelles ils avaient à répondre
et leur verdict motivait la décision qu'il avait mission
de faire exécuter. Le *maire* ne pouvait être nommé
que parmi les tenanciers des colonges, biens tenus à
la charge de l'échevinage (1), et cela parce que le
tenancier d'une colonge devait savoir et connaître le

(1) 1350. Dauphreux, Berne, art. 2 : « Nulz ne doit être maire
de la curtine se n'est colongiers. » (Grimm, IV, 467).

droit de celle-ci (1). Le *maire* devait être accepté par l'avoué qui était un représentant du seigneur ; si celui-ci ne l'acceptait pas, il en était référé au seigneur lui-même qui statuait souverainement.

Telles furent, aux premiers siècles de notre histoire, les principales justices agricoles; fortement organisées, s'appuyant sur des traditions immémoriales, elles durèrent, sans doute après avoir subi, comme toutes les vieilles choses où le temps marque son empreinte, quelques modifications de détail, elles durèrent presque autant que la monarchie française, car nous les voyons encore exister au commencement du dix-huitième siècle, notamment dans certaines parties de l'Alsace (2). Le jugement par les pairs fut, d'ailleurs, presque général en France et se conserva jusqu'à la veille de la Révolution.

(1) 1343. Miecourt, Alsace : « Cy qui est colongeur ou serait des dites colonges, doit savoir le plait des dites colonges. » (*Ibid*, IV, 259).

(2) Krug-Basse, *L'Alsace avant 1789*, p. 126.

CHAPITRE IV

Le Jugement par les pairs et de quelques autres juridictions populaires agricoles sur l'Ancien régime.

Le jugement par les pairs fut à une époque très en faveur auprès de toutes les classes de la nation. En matière agricole il fut notamment assez général. Cette institution eut pour fondement la propriété foncière et pour principe la nécessité de ne confier l'administration de la chose publique par excellence, la reddition de la justice, qu'à ceux qui ont un droit à défendre, une propriété à conserver. Le même fardeau pesa sur tous également, ils furent, alternativement, juges et justiciables, quand il y avait lieu, de leurs pairs. « Chaque propriétaire, dit Laboulaye (1), chaque homme libre eut sa part de pouvoir judiciaire et fut jugé par ceux qu'il jugeait à son tour. » Cela était conforme à l'opinion profondément gravée dans l'esprit des peuples que chacun avait droit d'être jugé par ses égaux et se rattachait aux usages de la première et deuxième race et assurait une garantie plus forte d'une distribution impartiale, éclairée de la justice. Car, à cette époque, il y avait peu de lois positives : tout consistait dans des usages, soit qu'il fallut

(1) Laboulaye, *Histoire de la Propriété foncière*, p. 269.

constater ceux qui étaient en vigueur, soit qu'il fallut
en introduire de nouveaux, quand le besoin s'en ma-
nifestait, on était dans la nécessité de recourir à la
notoriété et à l'expérience des *prud'hommes*. Cette
assistance de *prud'hommes* qu'on appela, suivant les
lieux, jurés, hommes, pairs de fiefs, hommes côtiers,
etc., etc., fut surtout en vigueur en France au treizième siècle. Les « *Assises du royaume de Jérusa-
lem* », dans une de leurs parties, appelée « *Assise de
la Cour des Bourgeois* », et on sait qu'en général ces
assises ont été rédigées d'après les usages français,
parlent de *jurés de la mer*, dont les « *Rôles d'Olé-
ron* », rédigés vers le douzième siècle, attestent aussi
l'existence d'ailleurs.

La Normandie, patrie des marins hardis, des aven-
turiers audacieux, écumeurs d'océans, qui découvri-
rent, dit-on, l'Amérique avant Christophe Colomb,
réglait les contestations auxquelles le commerce maritime donnait lieu par des juridictions municipales
ou arbitrales de *Prud'hommes* ou *Jurés de la Mer* (1).
Cette province plus spécialement que toute autre, possédait d'ailleurs une institution véritablement populaire avec une organisation particulière, dite *Jury*,
qui jugeait aussi bien les affaires criminelles, mais
également et surtout les affaires civiles, quelles
qu'elles fussent, et notamment celles relatives à l'élevage du bétail, aux pâturages, etc., etc., en un mot,
à des questions d'agriculture plus particulièrement
propres à ce pays. Le coutumier de Normandie nous
montre en effet le jury fonctionnant à propos de tout

(1) Pardessus, *Organisation judiciaire*, pp. 275 et 276.

au treizième siècle, en matière criminelle, civile et maritime et amoindrissant considérablement le pouvoir judiciaire des vicomtes institués du temps de la domination anglaise. Cette institution, dit-on, eut son origine dans celle des *jureurs* qui consistait en ce que un certain nombre de personnes prêtaient un serment pour confirmer celui d'un plaideur ; elles se portaient garantes de sa bonne foi et de sa déclaration. De là, viendrait aussi, suivant l'opinion de certains, le *jury* anglais.

Des assises populaires se tenaient régulièrement (1) dans bien d'autres provinces où chaque commune avait les siennes et ses échevins. Elles étaient la représentation des régions où elles existaient. Composées plus particulièrement de bourgeois commerçants, industriels dans les villes ; dans les campagnes, les ruraux y dominaient naturellement ; les diverses industries agricoles y avaient des représentants compétents et sages, plus ou moins nombreux suivant le pays : en Normandie, des éleveurs ; en Alsace, des cultivateurs ; dans le Midi, des vignerons ; dans le Centre, des fromagers, etc., etc. Les coutumes du pays fixaient le lieu des séances judiciaires. Généralement, surtout au Moyen Age, le tribunal siégeait en plein air, comme cela s'est pratiqué longtemps et se pratique encore de nos jours dans quelques pays étrangers (2), tantôt dans un bois, sous un chêne, un tilleul, un noyer, ou sous un groupe de ces mêmes arbres, tantôt près d'une fontaine, d'une grosse pierre, sur un monticule

(1) Bouthorst, *Sources du Droit rural.*
(2) V. *infrà.* Allemagne, Suisse, Espagne.

4

factice, le sommet d'une montagne, un pont, le bord d'un fossé ; au carrefour des chemins, sur la chaussée publique, sous un dôme de feuillage dressé pour la circonstance. Il siégeait aussi dans l'intérieur des bourgs, sous une halle construite pour cette destination. Au seizième siècle, encore les tenanciers de la seigneurie de Liestres se réunissaient sur le beau mont de Liestres à l'heure où le soleil se couche et lorsqu'on voit les étoiles au ciel (1). Le seigneur de Verchin en Ternois, tenait ses plaids, sous un ormeau situé sur la place, près de la maison de Jehan D.., non loin du marais tenu de Robert d'Outreleane (2). Les bourgeois de Chelers, comté de Saint-Pol, avaient coutume de se réunir dans le cimetière (3). Jusqu'à la fin du treizième siècle, le parvis des églises et les cimetières furent souvent le lieu de réunion des plaids et des assemblées publiques comme ils le furent aussi de théâtres et de spectacles.

Mais, au dire de Beaumanoir, une sorte de décadence se manifesta à cette époque dans ces usages jusqu'alors suivis avec assiduité. Dans un grand nombre de lieux, les pairs n'allèrent plus tenir l'assise, ils obtinrent la permission de se faire remplacer et bientôt les mêmes remplaçants se présentant toujours, l'institution fut dénaturée et l'assise convertie en tribunal permanent avec des juges de carrière. Toutefois, cette innovation ne fut pas générale et l'usage des jugements par hommes se maintint dans plusieurs

(1) *Cout. loc.*, II, 384, 385, art. 7.
(2) *Ibid.*, II, 635, art. 5.
(3) *Ibid.*, II, 238, art. 12.

baillages. On en trouve la preuve dans les ordonnances de 1303, de 1319, des mois de septembre 1368
ou mars 1370, de juin 1373, d'août 1375, et du 2 octobre 1406. Le même Beaumanoir constate (1) en effet
que dans beaucoup d'endroits c'étaient les hommes du
seigneur et non son représentant seul qui faisaient le
jugement. Et même dans le cas où le bailli jugeait,
il devait « appeler à son conseil des plus sages et fere
le jugement par leurs conseils ». En cela, on ne faisait qu'appliquer les *établissements de Saint-Louis*,
qui décidaient que même dans les localités où le prévot avait l'exercice de la juridiction, il devait appeler
des hommes *suffisants* qui ne fussent point amis des
parties et juger d'après leur avis. « Se aucun se
plaint à justice (prévôt ou bailli) de aucun meffet.....
la justice doit mettre terme (assigner un jour) et à
celuy terme se doit lever et appeler genz suffizanz
qui ne soient de l'une partie ni de l'autre, et si doit
faire la parole retrere ; et des paroles qu'auront dites
si leur doit faire droit, et si leur droit retraire ce
qu'ils auront jugié. » Et dans un autre chapitre de
ces mêmes établissements, on lit ce qui suit : « Quand
les parties seront coulées en jugement, li prévôt ou la
justice si feront les parties mander et appelleront suffisamment gens qui ne seront mie des parties et doit
la justice... livrer les paroles aux *jugeeurs* et ils (les
jugeeurs) doivent loyamment jugier » (2).

On reconnaît des jurés et des pairs dans ces gens
souffisans et jugeeurs. D'autre part, Philippe-le-Bel,

(1) Beaumanoir, *Coutumes de Beauvoisis*, ch. I et II.
(2) *Etablissements de Saint-Louis*, liv. II, ch. XV.

dans la Grande Ordonnance de 1303 générale à tout le
royaume, déclara que les prévôts ne pouvaient juger
les causes qui entraîneraient condamnation à une
amende, droit qui était réservé aux baillis, aux hommes jurés ou aux échevins, selon la coutume des
lieux (1). Lui-même, dans les privilèges qu'il accorda
aux nombreuses bastides nouvellement fondées alors
dans le Midi, attribua la juridiction de première instance pour les causes civiles jusqu'à concurrence de
60 solz à des bayles assistés de consuls. Philippe-le-
Long prescrivit également, en 1319, au bailly d'Au-
vergne de prendre conseil, en rendant la justice, de
chevaliers et de prud'hommes du pays (2). Dans tout
le Midi aussi, là où il n'y avait pas de juridiction mu-
nicipale, les juges royaux ou seigneriaux étaient assistés par un certain nombre d'habitants notables. On
a des renseignements très précis sur l'organisation
judiciaire dans les contrées méridionales à la fin du
treizième siècle (3). Nous citerons un exemple, celui
de l'évêque d'Albi, B. de Cumbret, qui octroya en 1268,
à la commune d'Albi, une charte dont nous détachons
le passage suivant, relatif à la justice que nous avons
traduit de la langue d'oc en français et dont les dispositions rappellent celles des établissements de Saint-
Louis, cités plus haut et les traditions germaniques (4).

« Le *bayle*, pour faire le jugement, sera tenu d'appeler

(1) *Ord.*, t. I, p. 360.
(2) *Ord.*, t. I, p. 691, § 13.
(3) Buzaïries, *Libertés et Coutumes de Limoux* ; Dom Vaissette,
t. IV, Preuves.
(4) Giraud, *Histoire du Droit*, preuves, t. I, p. 93, Coutume d'Albi.

des *prud'hommes* de la cité, au nombre de XX au moins, ou davantage, qu'il croira ne pas être des amis, parents ou ennemis du justiciable, et, en leur présence, leur lira la procédure faite, entendra les explications du justiciable, demandera à chacun des prud'hommes appelés par lui si on doit l'absoudre ou le punir, et, si on était d'avis de le condamner, quelle était la peine qu'on devait lui appliquer. Et d'après leur conseil, quand la majorité se sera prononcée, le bayle sera alors tenu de statuer. Et si aucun de ceux qu'il aura appelés ne veut venir ni participer au jugement, il appellera d'autres citoyens, non suspects, comme il est dit ci-dessus, jusqu'au chiffre ci-dessus énoncé. Et si encore aucun de ceux-là ne veut venir, ou venant ne veut se prononcer, en leur lieu et place, il pourra en appeler d'autres du dehors qu'il ne croira pas suspects. Il sera tenu de juger ou de faire juger suivant l'avis qu'ils auront émis à la majorité. Et il exécutera ou fera poursuivre cette sentence suivant la coutume (1). » Le tribunal ainsi composé statuait

(1) « ..... Lo baile a far lo jutgamen sera tengutz apelar dels pro homes de la ciutat almeinhs XX, omai losqualz creira non esser amics, o cosis, o ennemics del mal fachor jutgador, et legida la enquesta, davant aquels, e ausida lo cofessio, del meseime mal fachor, demandara a cascun dels prohomes apelatz per lui s'el mal fachor sia absolvedor opunidor ; oqual causa sia de lui fasedoyra ; se condempnador es, qual pena sia a lui donadoira. Et ausitt lo cosseil d'aquelz, aquela causa en la qual la maior partida dels cossentira, sera tengutz jutgar. Et si apelatz per lui totz o aleu dels no vobran venir o respondre del jutgamen fazedor, apelara autre ciutadas no sospechoses aisi coma desus es dich, entro que sio complitz le nombre sobredich. Et si aquels apelatz o aleus dels no vobran venir, o

au civil et au criminel, car, à cette époque, comme
nous l'avons déjà dit plus haut à propos d'autres institutions judiciaires, la justice civile n'était point sépa-
rée de la justice criminelle. Bien plus tard seulement,
la juridiction royale se substitua, à peu près partout,
en matière civile, aux juridictions populaires. Ces
dernières, en effet, ne disparurent pas toutes, puisqu'elles se maintinrent assez nombreuses, en matière
agricole, jusqu'à la chute de la royauté (1). Elles
subsistèrent aussi en matière criminelle dans bien
des lieux. Ce fut à ce titre que les consuls des plus
petits villages du Midi eurent une juridiction criminelle et la conservèrent jusqu'au siècle dernier par
prévention avec les juges royaux (2). Ce fut tout ce
qui leur resta de leurs anciennes franchises judiciaires, qu'ils perdirent beaucoup par leur faute en négli-
geant de les exercer. Au lieu de les développer, d'en
poursuivre l'extension, comme les Anglais, qui se fi-
rent toujours un devoir d'exercer leurs droits judiciaires, les Français les laissèrent généralement tom-
ber en désuétude. Avec un peu moins d'apathie et un
peu plus d'énergie pour la défense de leurs vieux
privilèges, ils auraient certainement obtenu de la
couronne de France leur entier maintien. Cependant,

venens no vobran respondre, en loc dels no venens o dels no res-
pondens. poira apelar autres de foras, los quals creira no sospechoses, del cosseil dels quals o de la maior partida dels sera tengutz jutgar o far jutgar. Et la sententia, si coma es acostumal esser
fach, mandara o fara mandar ad executio. »

(1) V. *suprà*, Main-ferme, colonge, etc.. et *infrà*, les surposés
de l'horte de Perpignan, etc.

(2) Dom Vaissette, t. IV, p. 509, *Hist. du Languedoc.*

nous relèverons encore un grand nombre de coutumes de certaines provinces qui indiquent toujours l'existence d'une juridiction inférieure, échevinale, qui s'étendit aux différends agricoles quand elle ne s'appliqua pas spécialement à eux.

SECTION PREMIÈRE

DE QUELQUES AUTRES JURIDICTIONS POPULAIRES S'EXERÇANT EN AGRICULTURE PAR CI PAR LA

Dans les contrées du Nord de la France, la coutume du pays de l'Angle (1), voisin du comté de Flandres, mentionne des *francs hommes* qui sont tenus d'assister les échevins et les *Kœurheers* dans les plaids généraux. A Saint-Folquin, un tribunal composé d'habitants du lieu, siègeant à la maison commune (*ghyselhuys)* jugeait les délits et les procès (2). A Epinoy et à Carvin, « les échevins avec les pairs et hommes du fief ont puissance de faire éditz et statuts, rendre la justice pour le bien de la communauté et apposer telles amendes que de 60 sols et au-dessous (3). » Une Charte de l'abbé de Saint-Claude, en 1390, accordait aux habitants de Longchaumois que des *experts* et des *prud'hommes* à ce connaissant, seraient chargés de répartir les terres de cette commune entre les jeunes gens, de régler sous leur direction la culture, de veil-

(1) *Cout. loc.*, II, pp. 686, 687.
(2) Bouthorst, *Rev. de Droit français et étranger*, 1855, t. I, p. 379, *Sources du Droit rural*.
(3) *Cout. loc.*, II, p. 400.

ler à ce que on ne put disposer de sa part sans l'as-
sentiment des autres, de juger toutes les difficultés
qui surgissaient entr'eux. Voilà bien des dispositions
rappelant encore les traditions germaniques et des
communautés agricoles déjà connues. En Picardie,
en Artois, en Flandre, dans le Luxembourg, aux
Pays-Bas, existaient également des juridictions bien
agricoles exercées par les agriculteurs. Là aussi, tel
qui était tenancier pouvait être juge, tel qui était colon pouvait exercer le droit de justice sans cesser
d'être colon, de payer le cens et de faire la corvée.

SECTION II

JURIDICTION DES SURPOSÉS DE LA HORTE EN ROUSSILLON (1).

Dans le Midi, une institution spéciale au comté de
Roussillon et que nous allons présenter avec quelques
détails, à cause de son organisation singulière, fut
bien dans son genre un tribunal agricole. Il est donc
naturel qu'il ait sa place dans cet ouvrage.

Les *surposés de la horte* formaient un tribunal inférieur qui jugeait les contestations agricoles qui
s'élevaient entre les gens de la campagne non seulement de Perpignan mais encore de différents lieux et
terroirs de la province. Chaque localité avait les
siens avec des attributions quelquefois différentes
mais légèrement. Ainsi ceux de Perpignan, Canet,

(1) E. de Teule, *Etat des Juridictions inférieures du comté de
Roussillon avant 1790.*

Elne, Argelès, Collioure, Céret, Prats-de-Mollo, Arles, Boulou, Ille, Millas, Rivesaltes avaient seuls le droit d'instruire et de rendre des sentences. Tous les autres ne faisaient que l'estimation en délivrant un extrait à la partie plaignante qui s'adressait alors au juge du lieu pour obtenir le paiement du dommage et par appel au conseil souverain. Ces derniers nous rappellent les attributions dévolues à Rome soit au *judex*, soit aux *arbitri* et le rôle du préteur (1) vis-à-vis de ces magistrats.

Les surposés de la horte de Perpignan étant de tous les plus importants, nous préoccuperont seulement ; tous les autres, d'ailleurs, furent organisés de même et eurent à peu près la même compétence.

Les surposés de la horte de Perpignan connaissaient des dommages occasionnés par les personnes ou par les bêtes aux terres, aux fruits, aux arbres et aux travaux des champs appartenant aux habitants de Perpignan, ou lorsque ceux-ci ou leurs bestiaux étaient les auteurs des dommages ; de la fixation des bornes des propriétés rustiques et de la police des chemins particuliers. Celui qui voulait faire estimer quelque dommage devait avant tout faire transporter dans l'endroit les baillis ou consuls, ou autres estimateurs du terroir où étaient les biens endommagés. Il se faisait remettre par eux le rapport de l'estimation qu'il déposait au greffe des surposés de la horte, avec réquisition de se transporter sur les lieux. Au préalable, et sous peine de nullité, il devait payer les vacations qui étaient plus ou moins considérables sui-

(1) V. *suprà*, ch. I.

vant la distance des lieux. Si la deuxième estimation
n'excédait pas la première, les frais de cette deuxième
étaient perdus pour le requérant ; si, au contraire,
elle la dépassait, l'auteur des dégâts payait tout. Dès
que les surposés de la horte étaient en voyage, ils
pouvaient faire toute sorte d'estimation dans les terroirs où ils se rendaient et dans tous ceux qu'ils tra-
versaient sans autre formalité et sans l'intervention
préalable des premiers estimateurs. Il leur suffisait
d'être requis verbalement, de la sorte, il arrivait fré-
quemment que bien qu'ils ne fussent sortis que pour
aller estimer une pièce de terre ils en estimaient plusieurs. Dans ce tribunal, on ne suivait que certains
usages et la procédure était courte. Il instruisait des
procédures plus longues en cas de contestations. Il
rendait les sentences dans son auditoire qui était le
bureau du greffier. Il était composé de trois juges
estimateurs. Deux de ces juges étaient pris dans le
corps des jardiniers de Perpignan, on les appelait
surposés jardiniers. Le troisième appelé *surposé commun*, était pris dans le corps des métiers, menuisiers,
tailleurs, cordonniers, etc. Tous prêtaient serment
devant le bailli après leur extraction à l'Hôtel de
Ville, qui avait lieu le 28 juin de chaque année. Ils
étaient exempts de toutes charges pendant l'année de
leur exercice. Ils étaient assistés d'un greffier, nommé
par le roi et qui était toujours un notaire et d'un huissier nommé par les consuls.

Les surposés de la horte avaient encore juridiction
pour faire payer les estimations quoiqu'ils ne les eussent pas faites eux-mêmes, pourvu que le plaignant
fût habitant de Perpignan et qu'il s'adressât à eux

dans les dix jours. Leur juridiction en ceci n'excluait pas celle des autres surposés ou juges des lieux auxquels le plaignant pouvait également s'adresser. Si l'une des parties avait à se plaindre de la modicité ou de l'excès d'estimation faite par les surposés de Perpignan, elle présentait requête aux consuls qui nommaient deux experts d'office et leur faisaient prêter serment. Ceux-ci se rendaient sur les lieux avec les surposés et ces derniers faisaient une nouvelle estimation qui prévalait, ils instruisaient et jugeaient ensuite sans appeler les experts.

L'appel des sentences des surposés était porté devant le bailli de Perpignan qui devait instruire et juger l'appel dans les quinze jours. Si le bailli n'avait pas rendu sa sentence avant l'expiration de ce délai, celle des surposés était confirmée de plein droit. Le bailli prenait un assesseur à sa volonté pour instruire et juger l'appel conjointement avec lui. Le procureur du roi devait donner ses conclusions. Le greffier était le même que celui du bailliage. Mais les arrêts du bailli étaient également sujets à l'appel. La partie qui se croyait lésée pouvait le porter devant le conseil souverain de la province qui rendait la justice en dernier ressort. L'appel des surposés des localités autres que Perpignan, était porté non devant le bailli, mais directement au conseil souverain (1).

Cette juridiction tout à fait agricole, spéciale au Roussillon, remontait à d'antiques fueros. Elle fut confirmée avec d'autres privilèges, à différentes époques, par Lettres patentes du roi Pierre d'Aragon,

(1) *Contumes du Roussillon, de Conflent et de la Cerdagne.*

du 3 mars 1365 et du 10 avril 1387, par décision d'Alphonse, roi d'Aragon, du 23 octobre 1417, par sentence royale du 8 avril 1432, par une Constitution du roi de France Charles V, en 1520, enfin après sa réunion définitive à la France par Louis XIV. Les Roussillonnais, qui soutinrent des luttes vives et nombreuses pour conserver leurs institutions séculaires, portèrent à celle-ci toujours un grand attachement. Elle fut supprimée seulement le 28 juin 1790, avec toutes les diverses juridictions qui existaient alors en France.

SECTION III

MAITRISES DES EAUX ET FORÊTS

Outre les juridictions populaires dont nous venons de parler, il exista encore, durant tout l'ancien régime, d'autres juridictions particulières dont nous voulons dire quelques mots. Ce sont celles des *Maîtres des Eaux et Forêts* (2), qui rentrent dans le domaine de l'agriculture et qui, pour ce motif, doivent nous intéresser ici. La plus ancienne mention qui soit faite sous la troisième race, d'agents supérieurs chargés de la conservation des Eaux et Forêts, se trouve dans l'article 14 de l'Ordonnance du 25 mars 1302, portant que les *Magistri custodes Forestarum et Aquarum* seront nommés par le roi en son Conseil ; cet article suppose évidemment une institution antérieure. Leurs attributions judiciaires sont indi-

(2) Pardessus, *Organisation judiciaire*, pp. 267 et 277.

quées dans l'Ordonnance du 25 février 1318, article 10, qui spécifie qu'ils connaissaient des délits et contraventions aux règlements et à la police fluviale et forestière. Ils connaissaient aussi des affaires civiles, si on s'en rapporte à des Lettres du mois de novembre 1319, contenues dans le Recueil des Eaux et Forêts de Sainctyon. Ces lettres portent que les gardes de la forêt de Retz connaîtront des *causes de la marchandise de bois*. Mais comme de nombreuses Ordonnances, celles du 15 juin 1320, du 29 mai 1346, du 1er mars 1388, portent que les contestations relatives à la propriété des forêts et même au paiement du prix des coupes et des ventes d'arbres étaient de la compétence des tribunaux ordinaires, nous devons penser que ce fut là une mesure spéciale et exceptionnelle ; nous l'avons cependant signalée parce qu'elle montre qu'en certaines régions des juridictions forestières ont eu, en agriculture, des attributions judiciaires assez étendues.

Les *Maîtres des Eaux et Forêts* avaient sous leurs ordres des officiers appelés *Verdiers, Gruyers, Châtelains, Sergents*, etc., qui exerçaient indépendamment de leurs fonctions administratives une juridiction dont l'article 69 de l'ordonnance du mois de septembre 1402 fait connaître l'objet. Ils étaient juges en premier ressort des délits pour lesquels les condamnations n'excédaient pas soixante sous et l'appel de leurs jugements étaient portés devant les Maîtres qui connaissaient, eux, directement des délits plus considérables. Le siège de la juridiction des Maîtres était à Paris, au Palais de Justice, dans un local appelé « *Table de Marbre* » ; mais comme il en résultait pour les personnes qu'on traduisait devant eux des déplacements et des dépenses considérables, les Maîtres furent fixés sous la dénomination de Maîtres particuliers dans diverses résidences pour mieux exercer leurs fonctions administratives et devinrent juges de première Instance en ce qui concernait la Justice contentieuse des Eaux et Forêts. Leurs arrêts pouvaient être frappés d'appel devant le grand Maître Souverain. Une ordonnance du 13 juillet 1381 nous apprend le nombre des Maîtres, dits à l'époque, il varia plus tard et leur subordination ; une autre du 22 juin 1394 nous informe du droit qu'avait le grand Maître de rendre la justice souverainement, mais ce droit ne lui fut pas maintenu et les appels furent portés devant le Parlement.

La juridiction des Eaux et Forêts disparut avec l'ancien Régime. La promulgation du Code Forestier, en 1827, a remplacé la célèbre ordonnance de 1669 et attribué définitivement aux tribunaux correctionnels ordinaires la répression des délits forestiers et de pêche et aux tribunaux civils les affaires civiles qui provenaient du domaine des Eaux et Forêts.

CHAPITRE V

Aperçu international de la question judiciaire agricole.

Nous touchons au terme de la partie historique de notre ouvrage ; elle sera accomplie quand nous aurons jeté un coup d'œil sur la justice des peuples voisins du nôtre et appris qu'ils étaient dotés, comme la France l'a été à différentes époques, d'institutions judiciaires spéciales à la classe rurale. Nous avons limité notre examen aux pays qui nous entourent, qui ont eu avec nous dans l'histoire des siècles des rapports violents ou pacifiques et qui, pour ces motifs, nous ont laissé supposer qu'ils pouvaient avoir gardé dans la suite des temps bien des points communs, au sujet notamment de l'idée qui doit nous préoccuper ici, de la justice populaire agricole. C'est ainsi que nous allons passer en revue, sur ce point, l'Angleterre, l'Allemagne, la Suisse et l'Espagne, et montrer pour chacune de ces nations ce que nous avons eu la bonne fortune de découvrir, des tribunaux ruraux dont l'origine remonte dans la nuit des âges. Chez certains, comme la Suisse et l'Espagne, ils ont résisté victorieusement aux secousses des révolutions et se sont maintenus jusqu'à nos jours pour le plus grand bien de ceux qu'ils favorisent, alors que les ruines de ce qui fut les institutions civiles, politiques, judiciaires, etc., des gouvernements passés, ont elles-mêmes disparu depuis longtemps.

SECTION PREMIÈRE

EN ANGLETERRE (1)

L'Angleterre ne se distingua pas à l'origine des autres nations de race germanique à propos de l'organisation politique et judiciaire. En principe, tout homme libre avait la capacité nécessaire pour juger dans une juridiction quelconque. La justice était rendue par les citoyens eux-mêmes, par les *thanes* ou par de simples hommes libres. Les magistrats du roi, *schérifs* et comtes, n'y rendaient pas eux-mêmes et directement la justice; comme le *thumginus* franc ou le comte carolingien ils se bornaient à diriger les débats, à consulter l'assemblée sur le jugement à prononcer et à rendre la sentence dont ils assuraient ensuite l'exécution. Les Saxons, à l'imitation des Germains, leurs ancêtres, organisèrent les tribunaux partout, dans les villes, dans les campagnes, dans les comtés, centuries et *decanies*, de façon à mettre chaque homme libre en état d'obtenir justice dans sa circonscription. L'organisation des cours de justice forme une des institutions les plus remarquables de l'époque anglo-saxonne; il y avait des cours de décanies, de centuries et de comtés; elle était cependant plus simple chez les Francs, un *Mall* par centurie.

(1) Glasson, *Institutions de l'Angleterre*. — Garsonnet, *Loc. perpét.*, pp. 445 et 557.

Le tribunal le plus bas s'appelait *folcgemote*, des mots *folc*, peuple, et *mote* ou *gemote* qui signifie assemblée. Il était composé des habitants de la décanie ou du village qui devaient se réunir au son d'une cloche appelée *môt-bell*. Il était présidé par un personnage appelé le *tithingman* (1). Il statuait surtout sur les contestations entre voisins, à propos d'héritages, de cultures. C'était un tribunal agricole, par sa composition, des agriculteurs surtout à cette époque là, et par les conflits qu'il réglait habituellement et relatifs presque toujours au fonds rural, la seule richesse de ces temps-là. En principe, tout habitant du lieu avait droit d'y siéger ; mais d'ordinaire n'allait à la cour de Justice qu'un certain nombre d'individus et plus spécialement ceux qui par une raison quelconque avaient une aptitude spéciale pour connaître de la cause, ceux à qui leur âge et leur situation dans le village donnaient plus de poids et d'autorité. Les parties pouvaient aussi composer le tribunal à leur gré ; elles choisissaient naturellement des concitoyens connaissant leur affaire et capables de la juger sainement et avec compétence. De cette faculté naquit peu à peu le *jury* qui se développa si bien en Angletere et s'implanta si fortement qu'il règle encore aujourd'hui tous les procès civils et criminels. Mais il était de toute nécessité que quelle que fût la composition de l'assemblée judiciaire, pour que le procès pût se dérouler valablement, il fallait au moins douze juges, nombre qui fut également requis plus tard pour la composition du jury ; et pour

(1) *Lois d'Edouard le Confesseur*, cap. 37.

5

que l'un des plaideurs l'emportât, qu'il réunisse en sa faveur au moins les deux tiers des voix.

Avec la Féodalité qui s'implanta en Angleterre aussi bien que dans toute l'Europe civilisée d'alors, les justices patrimoniales remplacèrent celles dont nous venons de parler en vertu du fameux principe féodal que la propriété d'une terre comporte droit de justice sur les hommes qui y sont attachés. Toutefois, les seigneurs continuèrent à se faire assister de leurs vassaux ou tenanciers dans leurs plaids ; leur justice s'appelait *halmote* du mot *hal,* qui indiquait le lieu où se tenait la réunion du seigneur et des hommes libres pour statuer sur les procès. A la suite de la conquête normande qui transforma les cours de justice des anciens thanes, comme en France la révolution de 987 qui substitua les justices féodales aux juridictions de l'époque antérieure, les barons anglais présidèrent en effet les *curiæ baronum* (1), composées des vassaux et des tenanciers pairs des plaideurs. Les uns et les autres devaient par leur service féodal l'administration de la justice. Comme en France, le seigneur pouvait faire « semondre ses hommes de venir en court. » Mais les hommes libres de l'Angleterre à la différence de ceux des autres pays, n'eurent point besoin de contrainte pour respecter leurs droits et les conserver en les exerçant; convoqués pour rendre la justice, ils s'y rendaient par devoir et par respect pour la coutume qui consacrait leurs privilèges. Voilà pourquoi la justice eut toujours chez eux une composition populaire et pru-

(1) *Leges Henrici primi.*

d'hommale qu'elle n'a jamais perdu même de nos jours.

Il y eut aussi, à raison de la façon dont était régie la propriété foncière en Angleterre, des tribunaux plus particulièrement fonciers.

§ 1ᵉ. — *Le Manor*, division légale officielle du territoire, l'unité territoriale propre au droit anglo-saxon, était une vaste étendue de terres, les unes en culture, les autres en friche, appartenant à un grand personnage qui les possédait par lui-même ou par ses vassaux. Il en gardait assez pour subvenir aux besoins de sa famille ; quant au reste, les parties cultivées étaient partagées entre les tenanciers, les parties incultes servant de chemins publics ou de pâturages communs. Au centre de cette grande agglomération de terres le propriétaire avait son habitation d'où il surveillait l'exploitation de ses travailleurs. C'est là qu'il tenait également assisté de ses hommes l'assemblée du *Manor*, la Cour où se jugeaient leurs différends et les délits commis contre la propriété. En vertu des vieilles coutumes, les uns et les autres, égaux, donnaient librement leur avis sur les conflits qu'on présentait à leur appréciation, et le maitre, comme le père de famille qui suivait les sentiments de ses proches dans les affaires du foyer, sans empiéter sur leur libre discussion, prononçait simplement le résultat de leur délibération. Chaque *Manor* s'inspirait et jugeait d'après ses usages propres et sa juridiction tout à fait spéciale, était nettement en dehors de celles de droit commun auxquelles on n'avait recours que pour les cas étrangers à l'exploitation et aux tenanciers du *Manor*.

L'institution manoriale se subdivisait, nous en disons un mot en passant, en deux tenures assez distinctes l'une de l'autre, le *socage* et le *copybold*.

A) Le *socage* était une tenure privilégiée, héréditaire, aliénable, analogue au fief, tenure d'ailleurs féodale qui se constituait par donation suivie d'investiture, à charge de redevances et d'obligations personnelles, les conditions variaient suivant les coutumes locales. *B)* Le *copybold*, tenure immémoriale, qui de servile était devenue progressivement presque libre. Les droits du tenancier n'étaient consacrés que par la coutume locale et n'existaient pas aux yeux de la loi générale qui réglait la propriété foncière. Les droits du socager, comme ceux du copyholder variaient d'un *Manor* à l'autre et le droit commun de la matière consistait uniquement dans l'ensemble des règles usitées dans la plupart des *Manors* et appliquées par conséquent à la plupart des socages et des copybolds. A cause même de cette diversité, indépendamment de toute autre raison, on comprend combien durent être utiles, à l'époque, les juridictions manoriales qui s'instituèrent pour trancher les conflits de coutumes.

Ce privilège d'être jugé par ses pairs n'eut pas cependant en Angleterre une application aussi générale qu'on pourrait le croire. Tous les *manors* ne l'eurent pas. Les nobles, les possesseurs de fiefs pouvaient seuls le revendiquer comme un de leurs droits. Quant aux roturiers, aux vilains, ils ne le tenaient que de la concession de leur seigneur. Celui-ci, concédait parfois aux hommes de *poeste* le droit d'être jugés sous sa présidence ou celle de son bailli par

leurs semblables et il fallait alors une concession for-
melle de sa part. Ainsi, à la fin du quatorzième siècle,
Bouteiller mentionne le jugement par les hommes
mais c'est comme une exception. La juridiction agricole du Manor fut donc exceptionnelle, elle ne fut
point contractuelle comme elle le fut sur le continent, pour l'établissement de la colonge par exemple,
où les paysans exigèrent de leurs maîtres cette im-
munité judiciaire.

Mais nous devons ajouter que si le jugement par
ses égaux n'eut pas plus d'extension, cela tint à l'existence d'une autre institution judiciaire, issue du même
principe égalitaire, qui la remplaça et qui est restée
particulière aux Anglais par l'application très étendue qu'ils en ont toujours faite et qu'ils en font encore,
le *Jury*.

§ 2 — Le *jury* qui existait déjà en germe sous les
anglo-saxons dans les assemblées judiciaires, se développa insensiblement, se régularisa et devint de
très bonne heure une institution normale, perma-
nente, qu'on appliqua à tout et qui uniformisa en
Angleterre la justice, sans la diviser comme ailleurs
en une foule de juridictions agricoles ou autres. Le
jury anglais fut la réunion, au début, d'une douzaine
de personnages, les *freeholders*, révocables à volonté,
même sans motifs par les parties. Ils devaient être du
pays où le procès à instruire était né et avoir une
connaissance personnelle de l'affaire, de leurs yeux
et de leurs oreilles. La procédure de la preuve devait
s'ouvrir dans la localité où le fait donnant lieu au
litige s'était réalisé. Les jurés rendaient un verdict
sur le fait et le droit, d'après les coutumes locales, le

juge qui les présidait prononçait. Quelques modifications furent, dans la suite, à différentes époques, sous Edouard III, notamment, apportées au *Jury*. Il ne fut plus nécessaire que tous les douze jurés fussent du lieu où était né le procès pourvu que quatre fussent de l'endroit. Leurs attributions furent mieux précisées, on leur soumit exclusivement le point de fait. Ils prononçaient un verdict sur le fait et priaient le juge de se décider en droit d'après sa conviction juridique. Ces modifications n'atteignirent en rien le caractère populaire de l'institution, le *Jury* continua à se développer d'une manière régulière et, sous Henri IV, on le confondit avec le jugement par les pairs, il absorba alors les quelques juridictions particulières agricoles qui pouvaient exister. L'Angleterre jouit, depuis, d'une justice éminemment populaire, prise dans le peuple, qui se plie à toutes les exigences et n'oblige pas comme chez nous, à la création de tribunaux spéciaux pour connaître de choses spéciales. L'agriculture, comme toutes les branches de l'activité nationale anglaise trouve dans son sein avec ses justiciables ses juges. S'il n'y a pas en ce moment en Angleterre, si pratique pourtant, parce qu'on n'en voit pas l'utilité ni la nécessité, de tribunaux spéciaux d'agriculture, il y a cependant, grâce aux jurés, des magistrats agricoles qui appliquent à chacun les usages des comtés, usages si nombreux dans la législation anglaise qui est, comme on sait, si conservatrice qu'elle n'abroge même pas de nos jours les lois inutiles ou tombées en désuétude. On comprend dès lors suffisamment, sans que nous ayons besoin d'insister davantage, qu'il ne fût point nécessaire d'avoir

des juridictions particulières et que la justice manoriale ait disparu de bonne heure pour faire place tout
à fait au Jury qui la remplaça dans son essence, sa
composition et son but. Comment une institution aussi
remarquable, aussi utile, aussi sage, n'a-t-elle point
trouvé sur le continent un plus grand développement ?
La Normandie fut la seule province en France qui la
connut. Forteseue aurait-il dit vrai, lorsqu'il fit cette
réponse originale : « En Angleterre, les propriétaires
de fonds de terre qui font valoir eux-mêmes leurs
biens à la campagne sont nombreux et le moindre
village peut fournir assez de pères de famille pour
constituer un *Jury* ; en France, il n'en est pas de
même. » Quoiqu'il en fût, il est permis de regretter
que notre pays n'ait pas sur ce point imité plus tôt et
plus largement la « Grande Bretagne » en gardant et
en développant mieux une organisation qui, au surplus, a, comme tant d'autres choses que l'Anglais
croit avoir importé chez nous, une origine plutôt française. Le *Jury*, en effet, est né en Normandie, d'où il
passa avec les conquérants normands en Angleterre.

Appendice. — La preuve en est dans toutes les îles
anglo-normandes qui appliquent encore le pur droit
normand ; la base de leur législation remonte à l'ancienne coutume de Normandie, telle qu'elle était
avant la réformation de 1583 (1).Jersey, Guernesey,
ont chacune leur cour de justice composée de douze
membres appelés jurés, élus dans le pays et établis à
vie et qui sont pour la plupart des hommes s'adon-

---

(1) E. Glasson, *Hist. du Droit et des Instit. de l'Angleterre*, 3ᵉ et
4ᵉ vol.

nant à l'élevage et aux cultures de la Normandie, dont ces îles ne sont que le prolongement ou les ramifications. Au moyen âge et durant longtemps après, ces jurés étaient nommés par les *Etats*, c'est-à-dire par l'assemblée de chaque île, composée du bailli de l'île, des douze jurés, des curés et des connétables ou maires de chaque paroisse. Ces derniers, pour l'élection des jurés, devaient dans les *Etats* suivre l'avis de leurs paroissiens, manifesté par un vote populaire, ils étaient investis d'un véritable mandat impératif. A partir du dix-septième siècle, le peuple reprit le plein exercice de son vote et seul, nomma directement les jurés. Les magistrats, membres de la Cour, inamovibles et à vie, doivent le serment en entrant en fonctions, de là leur nom ; ils doivent aussi accepter toujours leur charge judiciaire, quoi qu'elle soit à peu près gratuite, à moins d'excuses légitimes. De nos jours, ils sont les seuls membres de la Cour, mais autrefois le droit féodal imposait aussi aux francs tenanciers de la couronne le service de Cour dont il reste encore aujourd'hui quelques traces (1). Mais de très bonne heure, les francs tenanciers ne jouèrent qu'un rôle d'apparat et toute l'autorité passa aux jurés. Outre Jersey et Guernesey, les îles d'Aurigny et de Serte ont également leur Cour organisée de même, sauf appel à Guernesey.

_____

(1) Sur ce point, si on en a la curiosité, on peut consulter avec fruit l'intéressante série d'articles signés de M. Havet, qui ont paru en 1877 et 1878, dans la bibliothèque de l'Ecole des Chartes, réunis aujourd'hui en un volume.

SECTION II

EN ALLEMAGNE (1)

Nous ne reviendrons pas, comme nous l'avons fait pour l'Angleterre, sur l'organisation judiciaire à l'origine, nous estimons l'avoir suffisamment traitée lorsque nous avons parlé de la justice chez les Germano-francs (2).

§ Ier *Le Fronhof.* — La *Mark* germanique devint au moyen âge le *Fronhof* allemand. Des domaines ruraux (*bauernhœfe*) ayant pour centre et pour chef-lieu une habitation, avec une grange, une étable, un jardin, le tout enclos d'une haie ou d'une palissade, car l'obligation de se clore qui fut une tradition germaine resta toujours vivace dans la législation allemande, on la retrouve dans « les *Miroirs* » recueils de coutumes et dans les *Weisthumer;* ces domaines ruraux groupés ensemble constituèrent le *Fronhof*. Comme la *colonge* alsacienne dont il fut une frappante analogie il eut à peu près même origine, même caractère. Son tribunal, le *Fronhofgericht* rappelle assez curieusement le *Dinghof* (3). Son territoire fut également divisé entre les tenanciers qui en dépendaient ici comme là, la plupart des domaines étant d'anciennes marks tombées de gré ou de force dans la dépendance d'un seigneur, les traditions de la com-

---

(1) Garsonnet, *Loc. perpét*, pp. 41, 427 et 575.
(2) V. *suprà*, ch. II.
(3) V. *suprà*, ch. III, sect. III. *La Colonge d'Alsace.*

munauté de village se maintinrent. L'égalité des lots, le partage périodique furent longtemps pratiqués ; la jouissance des bois, des eaux, des pâturages fut toujours commune. Avec le droit de siéger à la Cour dominicale, au *Fronhofgericht* qui tenait périodiquement ses assises, voilà ce qui resta aux paysans de l'Allemagne des privilèges de la *Mark*. Jusqu'au seizième siècle en effet ils eurent le droit de se réunir en assemblée judiciaire pour statuer sur les différends locaux, de rendre des sentences que le représentant du seigneur, quand ce n'était pas le seigneur, lui-même, prononçait publiquement devant ses tenanciers réunis et dont il poursuivait ensuite l'exécution pour assurer le respect de la chose qu'ils avaient jugée. Les plaids se tenaient en plein air, généralement comme nous l'avons déjà raconté au sujet des audiences de justice en France (1), mais plus spécialement dans les cimetières qui entouraient les Eglises. Dans ces contrées nébuleusement mystiques, qui ont produit tant de rêveurs, des philosophes, des musiciens et des poètes, c'était là que la justice humaine rendait ses Jugements. Le juge, le dos tourné au sanctuaire, plaçait son siège sous le porche principal de l'Eglise. Le peuple faisant face à la maison de Dieu, prenait séance, chacun près de la croix qui marquait la sépulture de la famille. Le lieu sans doute devait inspirer de justes réflexions et amener d'équitables décisions. Peut-on s'écarter de la ligne du devoir, dit M. Bouthors (2), quand on est en présence des tom-

(1) V. *supra*, ch. IV.
(2) Bouthors, *Sources du Dr. rural fr*, p. 309.

beaux qui témoignent de l'inanité des choses de la terre, en face de l'Église qui console par l'espérance d'une autre vie? S'il est un moyen de prévenir le parjure des témoins devant la justice c'est assurément ce sentiment qui entretient dans l'esprit des masses, le culte des souvenirs et le culte des espérances.

Lorsque le plaid se tenait en rase campagne, l'enceinte réservée au tribunal était marquée par une rangée de pieux fichés en terre et reliés entre eux par une corde tendue afin d'éviter la pression de la foule. Elle présentait la forme d'un cercle ou d'un parrallélogramme ouvert à l'Orient, de manière à ce que les parties et les témoins en y entrant, eussent devant eux le juge siégeant sur un coussin avec un bâton blanc à la main et au-dessous de lui les échevins assis sur un banc de bois.

Grâce à cette organisation démocratique et suffisamment privilégiée les paysans allemands, durant cette période si douloureuse du moyen-âge, furent moins malheureux que leurs frères des autres pays. Ces jouissances furent une partie importante de leur modeste fortune et un élément essentiel de leur bien-être. Aussi, quand au seizième siècle ils furent menacés dans la possession de ces avantages, se soulevèrent-ils pour les conserver, et mirent-ils à feu et à sang la moitié de l'Allemagne. Voilà pourquoi les anciennes habitudes de la communauté de village, de la co-propriété familiale, par la faveur dont elles ont joui auprès de ceux qui en ont bénéficié durant si longtemps, ont été conservées jusqu'à nos jours presque. On voyait encore dans le Palatinat, en 1820, un bois appelé le *begütenvald indivis* depuis un temps

immémorial entre trente propriétaires qui en possédaient une part, qu'ils vendirent à cette époque et
dont ils se partagèrent le prix. Tous les neuf, douze
ou vingt ans, à Sickingen, Leiningen, Hanan-Lich-
tenberg, dans des villages des vallées de la Sieg et
de l'Eifel, des partages périodiques se sont faits
jusqu'à hier. Encore, en 1863, les habitants de la
commune de Saarholzbach et de quelques autres du
même canton n'avaient d'autre propriété privée que
les maisons et les jardins.

Des juridictions exceptionnelles se maintinrent
également très longtemps qui furent naturellement
des juridictions rurales. Parmi elles, Maurer cite la
communauté paroissiale de Pfronten, formée de trois
villages, Pfronten, Berg et Steinach, qui avait à la
fois pour s'administrer et rendre la justice un *alpen-
rath*, composé des conseils communaux des trois villages; ce conseil réglait la jouissance des pâturages
communs, assurait le respect des coutumes locales,
jugeait les différends des habitants des susdites localités et punissait les délits ruraux. Il en est de même
en Suisse, aujourd'hui, mais dans une mesure encore
plus large et plus vivace.

SECTION III

EN SUISSE (1)

Dans ce pays où les libertés publiques ont été tellement en honneur et le sont restées, le peuple, du-

(1) Garsonnet. *Loc. perpét.*

rant de longs siècles, garda le privilège de rendre
lui-même la justice. Dans les assemblées de village,
on dut soumettre tous les différends qui divisaient les
habitants, et la réunion publique, sous la direction
des chefs ou des anciens, décidait entre eux. Les
corps de métiers, les professions diverses, eurent,
elles aussi, la connaissance des dissentiments de leurs
membres. Au point de vue agricole, la Suisse, pays
essentiellement de traditions germaniques, dans la
plupart de ses cantons, surtout dans ceux voisins de
l'Alsace, a bénéficié, comme cette province française,
de l'institution foncière la *colonge* et des immunités
judiciaires qu'elle comportait. Nos lecteurs savent ce
que sont l'une et les autres, nous n'y reviendrons donc
pas, car la *colonge* suisse ne diffère guère de la colonge alsacienne, pas plus dans son essence et sa
constitution que dans ses divers privilèges. Il est certain, en effet, que vers le milieu du quatorzième siècle, en 1346, dans le canton de Zurich (1), les paysans
étaient jugés seulement par des paysans comme eux.
A Meilan, près le lac de Zurich, le pâtre, dont la pau-
vre cabane, construite sur le communal, en planches
grossièrement assemblées, avec souvent à peine une
superficie de sept pieds en longueur et autant en lar-
geur, c'est-à-dire l'espace que deux chevaux et une
charrue pouvaient occuper, avait la capacité civile et
judiciaire. Avec grande autorité et considération, il
pouvait déposer en justice devant le tribunal de ses
pairs et y siéger pour donner son avis (2). A Flun-

---

(1) Bouthorst, *Sources du Dr. rural*, p. 382.
(2) Meilan : « Et eisdem temporibus (aux plaids de mai et d'au-

tern, pays de vignobles, les échevins qu'on élisait, peur remplir la charge de justice, ne pouvaient être que des vignerons, fils légitimes de vignerons qui, par tradition et éducation, étaient par conséquent des hommes initiés, rompus à tous les secrets de l'art viticole, connaissant parfaitement tous les usages, coutumes ou lois régissant la corporation. C'est ainsi rapporté dans l'article 10 de la législation du canton de Zurich : « *Tantum coloni et inquilini vinearum feodalium pro eisdem feudis sentenciare debent : et pro possessionibus que jure hereditario ab ecclesia possidentur, sentenciare possunt omnes qui habent similia bono.* » Et plus loin, l'article 19, mentionnant un des devoirs des échevins : veiller dans l'intérêt du possesseur du sol comme dans celui des cultivateurs à ce que l'exploitation des vignobles fût bien conduite, ajoute : « *Quelibet vinea tantum debet habere unum colonum legitime a suis progenitoribus descendentem, et illo cedente vel decedente, heres, ejus futurus inquilinus et coltor vinee dabit onorarium domino feudi. Item. . . . . Item si quis vinitorum in cultura debita, tempore debito, fuerit negligens, aut remissus, aut alias inutilis, debet a feudo per dominum removeri, postquam de hoc per eos qui experti sunt in cultura hujus modi-*

tomne), tantum cognoscere debet prepositus de possessionibus quæ jure proprietatis seu hereditatis possidentur de ecclesia Thuricense, et omnes qui habent de bonis quæ ab ecclesia thuricense, jure hereditario, possidentur. ad longitudinem seu latitudinem septem pedum, eisdem placitis comparere debent coram preposito vel ejus vicario et jura prepositi ecclesie et villamorum publicari debent (Art. 12, même disposition. Grimm., Weist.. IV, 328). »

facta, fuerit plena fides. » On ne pouvait confier à
des hommes plus compétents les intérêts des justiciables. Leurs jugements devaient ainsi acquérir une
force, une autorité que nécessairement ne peuvent
avoir ceux qui émanent de personnes incapables,
ignorantes pour tel ou tel litige, quoique fort bien
douées pour d'autres; nul ne peut être universel et
se dire absolument compétent dans l'art de juger
toutes les causes. Ce qui était jugé par eux devait
être reconnu par tous bien jugé. Aussi, ce tribunal,
agricole entre tous, certes, dont on apprend l'existence par des documents en l'an 1346, déjà vieux pro-
bablement à cette époque, s'est-il, dit-on, maintenu
encore jusqu'à nos jours avec la même faveur.

SECTION IV

EN ESPAGNE

Dans ce pays où bien des vieilles coutumes connues sous le nom de *Fueros,* basées la plupart sur
des traditions féodales, ont conservé toujours leur
vigueur, nous trouvons aussi maintenant un véritable
et absolu tribunal rural dans une de ses provinces,
celle dont les arbres cachent à demi les murailles et
les tours de Valence. La province du même nom, en
effet, irriguée par les Romains et les Arabes de sai-
gnées pratiquées sur les deux bords du bas Gua-
dalaviar et par huit canaux principaux, subdivisés
eux-mêmes en nombreuses rigoles secondaires, *en
acequias,* est une des plus belles, des plus riches de
l'Espagne, un paradis de verdure. Aidée dans son

travail de production par des engrais que les cultivateurs diligents de la plaine vont recueillir non
seulement dans les étables, mais aussi dans la boue
des rues, la terre humide produit sans se reposer
jamais et avec une fougue étonnante. On voit dans
les jardins des tiges de maïs de 5, 6 et même 8 mè-
tres de hauteur ; les mûriers donnent trois et quatre
récoltes de feuilles dans l'année ; quatre ou cinq
moissons de plantes diverses se font dans le même
terrain ; on fauche jusqu'à neuf et dix fois l'herbe
renaissante des prairies. Toute cette admirable végé-
tation provient du soleil et de l'eau. Cette eau pré-
cieuse, qui se transforme en une si grande quantité
de produits agricoles et qui enrichit la campagne de
Valence, ne pouvait manquer d'être l'objet de litiges
nombreux entre les propriétaires limitrophes. Aussi
a-t-il fallu régler l'usage des eaux de la manière la
plus stricte. Chaque commune a ses heures précises ;
le signal de l'ouverture et de la fermeture des rigoles
d'alimentation est donné par la cloche de la cathédrale de Valence.

Un *tribunal des eaux* juge toutes les questions d'ar-
rosage qui surgissent entre les cultivateurs ; il se
compose des huit syndics des huit acequias, simples
laboureurs élus librement par leurs égaux, non comme
les plus versés dans la chicane, mais comme les plus
sensés et les plus honnêtes. On fait remonter l'honneur
de la fondation de cette cour de justice à un souverain
musulman, Al-Hakem-Al-Mostansir-Bihah, mais il est
probable que ce tribunal est d'origine toute populaire
et n'a pas eu besoin pour naître de plus de chartes et
de papiers qu'il ne lui en faut pour se maintenir. Tout

le mobilier du tribunal consiste en un simple canapé
de velours que le chapitre de la cathédrale, héritier
des obligations des prêtres de la mosquée, est tenu
de fournir aux juges. Tous les jeudis, à midi, ils s'as-
seoient majestueusement sur leur canapé, placé au
grand air, devant une porte de la cathédrale. Les
plaideurs comparaissent devant eux « sans lettrés ni
greffiers ». Chacun expose son cas, la Cour interroge
et discute, puis le jugement est prononcé. Il n'est pas
d'exemple que les délinquants refusent d'acquitter
l'amende ou même de céder une part de leur terre
ou de leurs eaux lorsqu'ils y ont été condamnés pour
réparation de dommage. Ils savent ce qui leur en
coûterait de s'adresser à des tribunaux irresponsa-
bles, élus par d'autres que par eux (1) !

(1) Elisée Reclus, *Géographie universelle*, Espagne.

DEUXIÈME PARTIE

La Juridiction consulaire étendue à l'Agriculture.

CHAPITRE PREMIER

Organisation populaire de la justice en France à notre époque.

Nous venons de voir, dans la première partie, que, en matière agricole qui nous intéresse le plus ici, comme d'ailleurs en matière ordinaire, le principe de la justice rendue par des juges qui sont les égaux de leurs justiciables, est aussi ancien en France que l'institution de la justice elle-mène. Après deux mille ans de fortunes diverses, il tend, en notre siècle, à reparaître à nouveau à peu près tel qu'il était à l'origine de la société barbare : comme si la civilisation n'avait rien de mieux à faire que de reprendre les traditions d'un passé qu'elle a trop souvent tort de renier. Déjà avec le jury, tel qu'il a été constitué pour examiner les affaires criminelles, emprunt fait à la constitution de la marche allemande, est revenue la liberté représentative, sa compagne inséparable. Avec les tribunaux populaires, qu'on les appelle tribunaux de commerce ou conseils de prud'hommes industriels, pêcheurs et autres, une grande partie de la nation française est jugée par ses pairs, en dehors de la juridiction ordinaire, pour hon nombre d'affaires particulières, en vertu d'un droit, d'un code spécial. Pour ces derniers, nous allons en indiquer ici, à larges traits, l'organisation, pour mieux montrer ensuite que les auteurs de quelques projets de lois (1) en faveur de la création d'une juridiction agricole les ont presque servilement copiés non seulement dans leur principe mais même dans leur mécanisme.

SECTION PREMIÈRE

DES TRIBUNAUX DE COMMERCE. — ORIGINE ET ORGANISATION

Les *tribunaux de commerce* remontent, en France, à une assez haute antiquité, car, de tous temps, on a compris qu'il fallait soumettre les procès commerciaux à une juridiction spéciale et à une procédure rapide. Les contestations qui surgirent dans les grandes foires qui se tenaient au moyen âge sur divers points de notre territoire, notamment en Champagne, en Brie, à Beaucaire, à Lyon, etc., comme elles se tiennent encore en Russie, à Nijni-Novgorod, par exemple, les créèrent sous divers noms. Des ordonnances de Philippe-le-Bel (7 mars 1294), de Philippe VI (6 août 1349), de Charles IX (nov. 1563), de Blois (1579), de 1667, de 1673 et autres, les réglemen-

(1) V. *infrà*, ch. II, sect. II.

tèrent. La Révolution les respecta en les réorganisant par la loi d'organisation judiciaire (août 1790). Depuis, ils ont été toujours maintenus, malgré les vives attaques dont ils ont été et dont ils sont encore parfois l'objet.

Actuellement, le Code de commerce donne les règles des tribunaux commerciaux. Il faut un décret d'administration publique (Art. 615, C. comm.), pour les établir dans toute ville qui croit devoir en réclamer et fixer leur ressort. Un président, des juges et des suppléants (Art. 617), les composent. Il n'y a pas de vice-président, le juge le plus ancien remplace le président empêché. Il n'y a pas non plus de ministère public, on a souvent demandé à ce qu'il en fût établi pour éclairer les tribunaux de commerce. Mais il y a un greffier, des huissiers, des agréés, etc. Les juges titulaires doivent être au nombre de trois au moins, de quinze au plus, en y comprenant le président ; le nombre des suppléants n'est pas limité par le Code. Les uns et les autres sont nommés à l'élection directe par les commerçants (Loi du 8 déc. 1883), modifiée tout dernièrement par la loi du 23-25 janvier 1898 qui admet les femmes à l'électorat, inscrits les uns et les autres personnellement pendant cinq ans au rôle des patentes et domiciliés depuis au moins autant de temps dans le ressort du tribunal. La liste électorale est dressée annuellement pour chaque commune par le maire, aidé de deux conseillers municipaux, désignés par le conseil municipal dans la première quinzaine de septembre ; elle comprend tous les électeurs remplissant au 1er septembre les conditions exigées par les articles 2, 3 et suivants de la loi du 8 décembre 1883 et

par l'article unique de la loi du 23-25 janvier 1898.
Le juge de paix du canton décide sur les diverses réclamations portées à ce sujet devant lui, rapidement,
sans frais ni forme de procédure et sans opposition
ni appel, sauf pourvoi en cassation formé seulement
par l'intéressé, par voie de requête, dans les dix
jours de la notification de la décision.

Pour être éligible, il faut remplir les conditions
de l'électorat, être inscrit sur la liste électorale et âgé
de trente ans. Les anciens commerçants peuvent
l'être également s'ils ont exercé leur profession durant
cinq ans dans l'arrondissement et s'ils y résident
(art. 8). Le vote a lieu au scrutin de liste pour les
juges comme pour les suppléants, dans chaque canton
à la mairie du chef-lieu (art. 9) au plus tard dans la
première quinzaine de décembre. Le président seul
est élu au scrutin individuel mais il faut qu'il ait
exercé pendant deux ans les foncttons de juge titulaire. Tous sont élus pour deux ans (art. 622), ils
peuvent être immédiatement réélus une deuxième
fois mais après cela un an d'intervalle doit s'écouler
(art. 623). Le tribunal se renouvelle chaque année
par moitié.

Il connaît des contestations relatives : 1o aux actes
de commerce (art. 631-3o et 1o C. comm.); 2o aux billets à ordre et aux chèques par cela seul qu'un des
signataires est obligé commercialement (art. 636 et
637, C. comm., L. 14 juin 1865 art. 4); 3o entre associés pour raison d'une société de commerce (article 631,- 2o); 4o en matière de faillite (art. 635);
5o les appels formés contre les sentences des Conseils
de prud'hommes ; 6o les actions contre les facteurs et

commis des marchands pour le fait du trafic du marchand auquel ils sont attachés (art. 634, 1º), et les actions intentées à raison des billets faits par les receveurs, payeurs, percepteurs ou autres comptables de derniers publics (art. 634-2º). La compétence des tribunaux de commerce est illimitée dans ces cas, mais elle cesse absolument en dehors d'eux. Ainsi ils sont incompétents pour statuer même incidemment sur les questions d'état de capacité, de succession ou de communauté (art. 426 C. pr. civ.). Ils ne peuvent même connaître (art. 442, C. pr. civ.) de l'exécution de leurs jugements. Les contestations entre français et étrangers en matière commerciale sont régis comme en matière civile (art. 14 et suiv., C. civ.)

La procédure devant les tribunaux de commerce est simple, rapide, et peu coûteuse, elle est réglée à la fois par le Code de procédure civile (art. 414 à 442) et celui de commerce (art. 641 à 648). Sauf les huissiers (art. 627, C. comm.) les parties peuvent choisir qui bon leur semble pour les représenter *ad litem*.

Les tribunaux de commerce jugent en dernier ressort et à charge d'appel. L'article 639 Code commercial rappelle à ce sujet les dispositions du Code civil. « Les appels (art. 644, C. comm.) sont portés par devant les Cours dans le ressort desquelles les tribunaux sont situés », dans les deux mois (art. 645, C. comm.) du jour de la signification du jugement et dans les mêmes formes qu'en matière civile (art. 456, C. pr. civ.) La procédure d'appel commercial est celle des affaires civiles sommaires (art. 648, C. comm.). Le pourvoi en casssation est ici également admis comme en matière ordinaire ainsi que toutes les autres voies de recours extraordinaires comme la tierce opposition, la requête civile, la prise à partie.

SECTION II

DES CONSEILS DE PRUD'HOMMES — ORGANISATION

Cette juridiction ne date réellement avec les caractères et les attributions qu'elle a de nos jours que de la loi du 18 mars 1806 modifiée par des lois postérieures. Mais leur principe est très ancien. De même que des Prud'hommes agricoles ont existé dans l'ancien Droit, de même ont existé des Prud'hommes industriels. Sous Philippe le Bel, en 1296, furent créés 24 prud'hommes pour inspecter les maîtres des métiers, avec le prévôt des Marchands et les échevins. Il y avait en outre dans les communautés de métiers, comme il y en eut pour les communautés agricoles, des officiers appelés gardes, syndics qui appliquaient les règlements corporatifs. A Lyon, il y eut même un véritable tribunal, chargé de juger les contestations entre les fabricants de soieries et leurs ouvriers. La Révolution supprima en mars 1791, cette juridiction spéciale, en même temps qu'elle supprimait les juridictions spéciales d'agriculture du Roussillon et d'autres provinces. Mais elle fut rétablie quelques années après par Napoléon, le 18 mars 1806.

Les *Conseils de prud'hommes* sont établis (article premier de la loi, 1er mai 1853), par décret rendu dans la forme des règlements d'administration publique après avis des Chambres de commerce, des arts et manufactures et des Conseils municipaux. Ce décret

détermine en même temps leur ressort et aussi pour
quelles industries ils sont établis, car, en premier
lieu, il y a parfois dans une même ville plusieurs conseils de prud'hommes dont chacun est créé pour des
industries différentes. Ainsi à Paris il y en a quatre,
et en second lieu, ne peuvent bénéficier de la juridiction des Conseils de prud'hommes que les industries
exclusivement commerciales, c'est-à-dire régies par
des lois commerciales. Ainsi l'agriculture, les mines,
des industries cependant, ne rentrant pas dans la législation commerciale, sont soumises au droit commun. Cette situation assurément fort défavorable à
leur égard, qui leur est très préjudiciable, ne saurait
se maintenir toujours. Dans toute industrie où les ouvriers se trouvent agglomérés en grand nombre dans
un même lieu et où la solution des litiges relatifs aux
travaux professionnels exige soit un travail technique, soit la connaissance des usages locaux, il est à
souhaiter que la juridiction prud'hommale soit largement appliquée. Depuis longtemps on réclame pour
les Mines l'admission de prud'hommes mineurs. La
Chambre des députés n'est pas saisie de moins de cinq
propositions de lois tendant à établir ces prud'hommes. Nous verrons, plus loin et avec quelque détail
celles qui sont relatives à l'établissement des prud'-
hommes agricoles.

Les Conseils de prud'hommes sont actuellement
composés d'un nombre égal de patrons et d'ouvriers,
âgés les uns et les autres au moins de trente ans accomplis et sachant lire et écrire. Les premiers sont
élus directement par les patrons réunis en assemblée
particulière, âgés de vingt-cinq ans accomplis, pa-

tentés depuis cinq ans au moins et depuis trois ans
dans la circonscription du Conseil ; les seconds, de
même, par les contre-maîtres, chefs d'ateliers et ouvriers exerçant leur industrie depuis autant de temps
et dans les mêmes conditions (art. 4, 5, 9, L., 1er juin
1853). Les Conseils sont élus pour six ans et renouve-
lés par moitié tous les trois ans, leurs membres sont
indéfiniment rééligibles. Les président et vice-président sont choisis pour un an par les membres du Conseil. Quand l'un est un patron, l'autre est nécessairement un ouvrier ; ils sont, eux aussi, rééligibles
(articles 1, 2, 3, L., 7 février 1880). Un secrétaire
remplit les fonctions de greffier, il est nommé à l'élection mais ne peut être révoqué que par délibération
signée par les deux tiers des prud'hommes. Les réclamations contre les listes électorales ou les élections
sont, selon les cas, portées soit devant le Conseil de
préfecture du département, qui statue sauf recours au
Conseil d'Etat, soit devant le tribunal civil (L.,
1er juin 1853).

Les prud'hommes prêtent le serment professionnel
devant le préfet ou son représentant, et exercent des
fonctions généralement gratuites. Un bureau de conciliation composé de deux membres, l'un patron, l'autre ouvrier, présidé alternativement par l'un ou l'autre se réunit au moins une fois par semaine pour
concilier les parties. Un bureau de jugement, composé,
en outre, du président, d'un membre égal de prud'-
hommes patrons et ouvriers, qui toutefois ne peuvent
être moins de deux de chaque catégorie, se réunit
au moins deux fois par mois pour juger les contestations non conciliées.

Les Conseils de prud'hommes, ne sont compétents qu'entre patrons et ouvriers de leur ressort, exerçant une des industries prud'hommales, à l'occasion du louage de services (art. 10, Décr., 20 février 1880). Mais ils statuent aussi sur l'exécution ou la résolution du contrat d'apprentissage ; sur les dommages intérêts dans le cas de résolution de ce contrat ; sur les réclamations en détournement d'apprenti ; sur les contestations relatives à la délivrance des congés ou à la rétention de livrets d'ouvriers. Ils jugent d'après la situation de la fabrique et non d'après la règle *actor sequitur forum rei,* quelque élevé que soit l'objet du litige mais à charge d'appel s'il dépasse deux cents francs en capital.

Au point de vue pénal, en outre, ils peuvent prononcer une peine maxima de trois jours de prison pour infraction à l'ordre et à la discipline (Décr. 3 août 1810, art. 4).

Ils ont également des attributions administratives pour la conservation de la propriété des dessins de fabrique ; les règlements de comptes entre fabricants et chefs d'ateliers ; l'inspection et la visite des ateliers, la constatation des contraventions aux lois et règlements.

La procédure est simple, rapide, peu coûteuse ; ils appliquent les preuves du droit civil ou du droit commercial selon la nature de la contestation. Leurs jugements sont susceptibles d'appel, d'opposition, de pourvoi en cassation et de tierce opposition.

Appendice. — En dehors de ces prud'hommes, il existe dans des ports de la Méditerranée des prud'hommes pêcheurs. C'est une institution des plus an-

ciennes, que nous avons eu déjà l'occasion de voir (1).
Portalis la fait dater du dixième siècle ; quant à nous,
nous savons d'une façon certaine, qu'elle a tout au
moins existé au douzième et treizième siècles, par ci,
par là, en Normandie notamment. Plusieurs recueils
ou coutumiers de ces époques nous parlent de « *Jurés
de la Mer* ». Les usages locaux, à défaut d'une loi
spéciale règlent l'élection, l'éligibilité, la compétence,
la procédure des prud'hommes pêcheurs. Ils ont en
plus une particularité : leurs jugements sont sou-
verains, il n'y a point pour eux de voies de recours.

On a créé ainsi des juridictions commerciales et
prud'hommales industrielles, il ne reste plus maintenant qu'à aller plus avant dans cette voie et à l'é-
tendre à l'agriculture.

(1) V. *suprà*, ch. IV, 1re partie.

CHAPITRE II

Des tribunaux agricoles projetés en France dans le cours de ce siècle.

Le principe électif jouit en France d'une grande faveur, on a désiré l'appliquer à toutes les manifestations de la vie nationale. De même que les idées populaires modernes vont en politique à l'administration, au gouvernement du peuple par lui-même, de même pour la justice, il y a une tendance, déjà réalisée en grande partie, à instituer encore davantage et autant que faire se peut, une justice du peuple par le peuple. Nous cherchons quant à nous, à frayer à cette tendance un plus grand chemin, en lui indiquant ce qui lui est possible de faire, en agriculture tout au moins. Partisan convaincu, en théorie, de l'élection de tous les juges, nous ne réclamerons point cependant que tous les magistrats soient élus par les justiciables car nous ne savons que trop, et l'expérience est là d'ailleurs pour le démontrer, que cette science profonde, difficile, souvent confuse qu'est le droit, ne s'acquiert pas du fait d'un mandat électif. S'il a suffi à Dieu de sept jours seulement pour créer le Monde, à l'homme une vie entière, fût-elle longue d'un siècle, ne suffit pas pour l'empêcher de se tromper, *errare humanum est*. Combien d'esprits sages, judicieux, savants pourtant, scrutent toujours et encore les arcanes des codes pour n'arriver qu'à s'interroger comme Montaigne. *Que sais-je?* doit à plus forte raison être la question ordinaire des profanes et des ignorants. Si désireux que l'on soit d'attribuer au peuple tous les pouvoirs et plus de sagacité et d'esprit qu'au meilleur des hommes il faut reconnaître que dans son intérêt, il convient de laisser à des praticiens instruits le soin de rendre ordinairement la justice parce qu'ils sont plus capables que d'autres de se retrouver mieux dans le labyrinthe des lois qui forment notre droit actuel. On voudra cependant bien nous concéder qu'il serait bon aussi de décharger les magistrats d'un certain poids qui les gêne dans l'administration judiciaire, et de laisser au peuple ou à ses élus la connaissance de ce qu'il connaît mieux qu'eux : l'interprétation par exemple des usages locaux ou professionnels, qui sont souvent tellement inconnus aux juristes de carrière, que ces derniers, dans l'état actuel des choses, désignent toujours des experts pour les expliquer et trancher la difficulté ; d'où dépenses nouvelles et onéreuses pour les justiciables. On l'a, d'ailleurs, si bien compris, qu'on a eu souvent l'idée de créer des tribunaux spéciaux pour l'agriculture, comme il en existe pour le commerce et l'industrie.

SECTION PREMIERE

LES PRUD'HOMMES ARVALES

Vers 1860 ou 1865, un projet, le premier du siècle à notre connaissance, fut émis, qui consistait à organiser dans chaque commune du territoire un collège de *prud'hommes arvales.* Il comprenait un certain

nombre de notables de la localité, réunis sur une
liste spéciale, parmi lesquels le juge paix du canton
et le maire de la commune devaient choisir leurs experts et les parties leurs arbitres. Ce n'était donc pas
un tribunal avec un nombre limité de juges, comme
nous le font comprendre les conseils de prud'hommes
existants de nos jours. C'était au petit pied une sorte
de jury d'un tribunal d'assises peu important, que présidait le juge de paix et qui était plus spécialement
institué pour juger les contraventions de police simple. Les personnages le composant devaient aider le
maire à faire exécuter le règlements de police sur la
voirie, les marchés et les cabarets; constater toutes
les contraventions qu'il n'est pas d'usage de rédiger
par écrit, c'est-à-dire les engagements entre maîtres,
domestiques et ouvriers de l'agriculture, évaluer les
dommages aux récoltes et aux propriétés, relever à
la réquisition des intéressés tous les faits de culture,
de plantations ou autres, qui présenteraient les caractères d'une anticipation. Et pour sauvegarder les
droits des mineurs et des propriétaires absents ils devaient, en outre, être chargés, chaque année, au mois
d'avril, sur réquisition du maire, de visiter les manoirs et les héritages ruraux possédés par des fermiers ou des usufruitiers et de constater par un procès-verbal l'état des plantations, l'élevage des arbres,
la coupe et l'aménagement des bois taillés et des haies
vives, l'entretien des clôtures et les réparations locatives. Leurs rapports déposés au greffe devaient n'être
communiqués aux parties intéressées que sur ordonnance du juge, afin de prévenir autant que possible
les procès. Ils devaient surtout veiller à la conserva-

tion des traditions, des usages locaux, en signaler les variations et conseiller les changements dont les règlements administratifs paraîtraient susceptibles. A cet égard, nul plus que ceux qui les observent et les pratiquent journellement, ne peut mieux renseigner: « Les personnes qui mettent la main à la charrue sont de meilleurs juges des besoins des exploitations agricoles que tous les modernes utopistes qui ont la prétention d'enseigner la manière de les conduire (1). »

Mais, dans l'idée du projet, les *prud'hommes arvales* devaient arriver surtout à juger cette foule de petits méfaits que l'article 471, n° 15, du Code pénal, punit d'une amende de un franc à cinq francs et à remplacer sur ce point le juge paix qui juge au cheflieu de canon, ce qui oblige les justiciables à se rendre, toutes affaires cessant, au jour indiqué par la citation au siège de la justice de paix. Les *prud'hommes arvales*, au nombre de six, désignés par le sort dans la liste générale du canton, devaient former un tribunal de police ambulatoire que présiderait le juge de paix, assisté de son greffier, d'un conseiller d'arrondissement, remplissant les fonctions de ministère public et du percepteur qui dresserait le rôle des amendes. Ce tribunal se transportant deux fois l'an, dans différentes communes du canton, plus à portée par conséquent de ses justiciables, aurait prononcé tant sur le fait que sur le point de savoir, en cas de culpabilité, si le contrevenant a mérité le maximum ou le minimum de l'amende, il aurait fixé ainsi la limite de l'amende à appliquer par le juge de la peine.

(1) Bouthorst, *Sources du Droit rural*, p. 561.

Les auteurs de ce beau projet pensaient qu'en ins-
tituant les assises rurales, en outre de l'avantage
d'abréger la distance, d'épargner les frais de déplacement et une perte de temps aux habitants des communes éloignées du chef-lieu judiciaire, ils simpli-
fiaient le mode de recouvrement des amendes qui
pouvaient ainsi être recouvrées, séance tenante, et
donnaient en même temps, plus d'appareil, plus de
solennité, à la manifestation de la justice, ce qui nécessairement devait inspirer plus de crainte res-
pectueuse et offrir plus de garanties qu'un juge qui
siège seul dans son prétoire sans compagnons ni assesseurs.

Les avantages de l'institution étaient illusoires, car
l'étendue d'un canton n'est point si grande qu'on ne
puisse se rendre aisément au chef-lieu, la perception
instantanée d'une amende si modique soit-elle, n'est
point si aisée à obtenir de paysans qui espèrent tout
des délais, et le prestige du juge de paix étant, quoique relatif, certainement plus fort auprès des popu-
lations que celui de maître Paul ou de maître Pierre,
ajoutez à cela, ses rouages assez nombreux et assez
compliqués, on saisit sans peine pourquoi le projet
n'eut point de suite. D'ailleurs, logiquement, il aurait
fallu également juger sur place les affaires civiles
qui sont généralement de beaucoup les plus importantes dans tout esprit, surtout dans celui très pratique
des campagnards.

7

SECTION II

PROPOSITIONS DE LOIS EN FAVEUR DE JURIDICTIONS AGRICOLES

Des propositions de lois ont été, par la suite, présentées qui ont eu pour objet soit la création et l'organisation de tribunaux d'agriculture, analogues à ceux du commerce, soit l'établissement de conseils de prud'hommes agricoles, semblables aux prud'hommes industriels.

C'est ainsi que la première a été déposée, il n'y a point trop longtemps à une séance de la Chambre des Députés, le 21 janvier 1897, par MM. les députés Cluseret et Michelin (1). Examinée par la vingt-cinquième Commission d'initiative parlementaire, elle a reçu un favorable accueil. Dans le rapport qu'elle en a fait, cette commission a estimé que la proposition méritait d'être étudiée par une commission spéciale et a proposé de la prendre en considération (2). Il est à souhaiter qu'une discussion prochaine vienne en activer l'examen et arrive enfin à mettre « à la portée du paysan un tribunal gratuit et local, choisi par lui, parmi ses pairs, ayant même intérêt, parlant même langage ».

Une autre proposition de loi fut présentée, trois ans avant celle dont nous venons de parler, le 17 mai

(1) *Journal officiel*, 1897. Annexes de la Chambre des députés, n° 2214. Séance du 21 janvier 1897.

(2) *Journal officiel*, 1897. Annexes de la Chambre des députés, n° 2253, p. 208. Séance du 6 février 1897.

1894, à la Chambre des Députés par MM. Lachièze
et Emile Rey, députés du Lot, dans le but « de
créer des conseils de prud'hommes agricoles chargés
de concilier et de juger les différends qui peuvent
s'élever à l'occasion du contrat de bail à ferme, à colonat ou à métayage (1) ».

La question donc est à l'ordre du jour. Dans les
chapitres suivants, nous allons l'aborder avec assez
de développements et l'étudier comme il convient,
sous toutes ses faces, d'après les divers documents
que nous avons pu recueillir dans nos recherches, les
exemples que nous avons d'une juridiction analogue
avec les tribunaux commerciaux et prud'hommaux
joints à nos réflexions personnelles.

(1) *Journal officiel*, 1894. Annexes de la Chambre des députés,
n° 631, p 819. Séance du 17 mai 1894.

CHAPITRE III

Des tribunaux d'agriculture.

Les *tribunaux d'agriculture*, dans l'ordre des Juridictions, correspondraient pour les affaires de nature agricole, aux tribunaux commerciaux pour les affaires commerciales. Leur organisation, et la procédure à suivre devant eux, serait sensiblement analogues; leur compétence serait naturellement différente. Nous traiterons dans trois sections distinctes : 1° de l'organisation des tribunaux d'agriculture ; 2° de leur compétence; 3° de la procédure agricole; telles que nous les entendrions d'après les principes généraux suivants : 1° économie de temps et d'argent; 2° compétence professionnelle ; 3° simplification de procédure.

SECTION PREMIÈRE

DE LEUR ORGANISATION

§ Ier. *Historique des tribunaux d'agriculture.* — L'idée de soumettre les procès agricoles à une juridiction spéciale et à une procédure rapide est très ancienne et ne nous est pas précisément personnelle, comme nous l'avons vu précédemment (1). En France

(1) V. *Supra*, 1re partie et 2e partie, ch. I.

elle a été appliquée de tous temps jusqu'à la Révolution. Elle l'est encore à l'étranger, notamment en Espagne, en Suisse, peut être ailleurs.

§ 2. *Création des tribunaux d'agriculture.* — Pour ne point obliger le cultivateur à des déplacements coûteux et parce que l'objet du procès étant sur place pourrait être facilement vérifié, les tribunaux d'agriculture devraient être répartis d'une façon régulière sur toute l'étendue du territoire français, car chaque canton en posséderait un, comme chaque arrondissement possède un tribunal civil. L'industrie agricole, plus ou moins importante sans doute suivant les régions, existe cependant partout assez considérablement pour permettre cette institution.

§ 3. *Ressort des tribunaux d'agriculture.* — Le ressort d'un tribunal d'agriculture serait par conséquent la circonscription cantonale, le même que celui de la justice de paix.

§ 4. *Nombre des membres des tribunaux d'agriculture.* — Chaque tribunal d'agriculture serait composé d'un président, de juges et de suppléants. Un règlement d'administration publique fixerait le nombre des juges et des suppléants d'après les besoins présumables du ressort. Ils ne pourraient toutefois être inférieur à deux, non compris le président, pour les juges.

Il y aurait aussi près de chaque tribunal des auxiliaires tels que le greffier et des huissiers qui seraient les uns et les autres pour ne point augmenter inutilement le nombre des officiers ministériels, ceux qui instrumentent devant la justice de paix du canton. Leurs droits, vacations et devoirs seraient fixés par

Règlements d'administration publique. Mais aucun huissier ne pourrait assister comme conseil, ni représenter les parties en qualité de procureur fondé, à peine d'une forte amende qui serait prononcée sans appel par le tribunal, et sans préjudice des peines disciplinaires. De même aucun agréé, aucun avoué, aucun avocat dont le ministère serait absolument interdit. Les parties comparaîtraient autant que possible et se défendraient elles-mêmes. Toutefois on pourrait permettre à un tiers de plaider pour l'une d'elles, si, présente à l'audience elle l'autorisait ou s'il était muni d'une procuration spéciale et pourvu qu'il appartînt lui-même à la profession agricole. Il ne devrait y avoir que des agriculteurs exposant simplement devant des agriculteurs leurs affaires d'agriculture sans argumenter d'arguties et se perdre dans « la maquis de la procédure. » Il serait à craindre autrement que l'intervention d'hommes d'affaires ne fût un obstacle aux arrangements amiables, comme ils ne le sont que trop malheureusement devant les juges de paix dont l'œuvre conciliante et pacificatrice est souvent annihilée ou détruite par la présence de légistes besoigneux.

§ 5. — *Corps électoral.* — La magistrature agricole serait élective, et les électeurs seraient naturellement des agriculteurs. Le droit de vote appartiendrait à tous ceux qui réuniraient, dans le ressort du tribunal, les conditions requises, sans qu'on eût à se préoccuper de certaines incapacités admises encore par nos lois. Ainsi ne se trouveraient point exclus de l'électorat, pourvu qu'ils s'adonnassent à l'agriculture, ni les étrangers, ni les femmes. Celles-ci, d'ail-

leurs, par la loi récente des 23-25 janvier 1898, sont
admises à l'électorat des tribunaux de commerce,
nous l'avons dit plus haut. Par leur profession
agricole, elles seraient justiciables des tribunaux
agricoles ; pourquoi n'auraient-elles point le droit de
participer à l'élection de leurs juges ? De même pour
les étrangers. Les électeurs seraient donc tous les
agriculteurs, propriétaires résidents, cultivateurs,
vignerons, fermiers, métayers, colons partiaires,
journaliers et domestiques de fermes du canton,
âgés de vingt et un ans et jouissant de leurs droits
civils.

§ 6. — *Formation des listes électorales. Réclamations.* — La liste des électeurs agricoles de chaque
ressort serait annuelle, comme les listes électorales
politiques et municipales. Elle serait dressée à une
certaine date dans chaque commune, par les soins du
maire, assisté de deux conseillers municipaux désignés par le conseil municipal et appartenant à l'énu-
mération donnée plus haut. Elle comprendrait tous
les individus remplissant, à la date désignée, les conditions exigées. Le maire enverrait la liste préparée
au sous-préfet. Celui-ci ferait ensuite déposer la liste
générale du ressort au greffe du tribunal d'agriculture et la liste spéciale de chaque commune à la mairie de chacune d'elles, une quinzaine de jours avant
l'élection. Tout requérant pourrait, sans frais, en
prendre connaissance. Toute personne prétendant
avoir été indûment omise ou telle autre avoir été ins-
crite à tort, pourrait demander son inscription ou la
radiation de celle-ci. Les réclamations seraient portées devant le juge de paix du canton par une simple

déclaration faite au greffe de la justice de paix. Le juge de paix statuerait dans les dix jours, sans frais, sans forme de procédure, sans opposition ni appel, sauf pourvoi en cassation. Ce pourvoi serait fait par voie de requête déposée au greffe de la justice de paix, qui la transmettrait au greffe de la Cour de cassation, où il serait jugé d'urgence, sans frais ni consignation d'amende, directement par la Chambre civile, sans avoir à subir l'épreuve préalable d'un examen à la Chambre des requêtes. La sentence serait, le jour même, transmise au maire de la commune de l'intéressé, à qui, par ses soins, elle serait notifiée dans les vingt-quatre heures de la réception.

§7. — *De l'éligibilité.* — Pourrait être nommé juge ou suppléant, tout électeur âgé de trente ans, inscrit sur la liste électorale et jouissant, en outre, de ses droits non seulement civils mais aussi politiques. Nous estimons que les fonctions judiciaires ne peuvent être remplies que par des citoyens français. Si on doit être, selon nous, plus libéral pour l'électorat, on devrait cependant, par intérêt d'ordre national, se montrer beaucoup plus sévère pour l'éligibilité, qui donne une partie importante de l'autorité publique à celui qui est investi de la confiance de ses concitoyens.

Afin que les fonctions de juge et de président soient exercées par des personnes ayant déjà acquis une certaine expérience judiciaire, nul ne pourrait être nommé juge s'il n'avait été suppléant pendant un an, et le président ne pourrait être choisi que parmi les anciens juges ayant exercé pendant deux ans, ou même mieux, serait un juge de carrière, comme nous le dirons plus loin.

§ 8. — *Formes de l'élection*. — Les élections se feraient toujours un dimanche, dans chaque commune, sous la présidence du maire, assisté de quatre assesseurs, qui seraient les deux plus jeunes et les deux plus âgés des électeurs agricoles de la commune. Le président du tribunal serait élu au scrutin individuel, les électeurs préalablement avertis de l'objet spécial de cette élection ; les juges titulaires et les suppléants le seraient au scrutin de liste. Les élections pourraient se faire simultanément, mais par des bulletins distincts déposés dans des boîtes séparées. Nul ne serait élu au premier tour de scrutin s'il n'avait réuni la moitié plus un des suffrages exprimés et égale au moins au quart des électeurs inscrits. Au deuxième tour, qui aurait lieu le dimanche suivant, la majorité relative suffirait.

§ 9. — *Constatation de l'élection*. — Le résultat des élections serait proclamé par le président de l'assemblée électorale, qui dresserait le procès-verbal en double original dont il transmettrait un exemplaire au juge de paix du canton, remplaçant le Procureur de la République, et dont il déposerait l'autre au greffe du tribunal d'agriculture.

§ 10. — *Réclamations contre les élections*. — Tout électeur pourrait, dans les cinq jours après les élections, attaquer les opérations devant le juge de paix qui statuerait sommairement et sans frais. Le pourvoi en cassation serait la seule voie de recours admise, comme il a été dit plus haut, au § 6, contre l'arrêt. Il serait recevable dans les dix jours de la signification et suspensif.

§ 11. — *Durée des fonctions des juges*. — Les membres des tribunaux d'agriculture seraient élus pour deux ans ; ils pourraient être réélus immédiatement pour deux autres années. Ils seraient renouvelables par moitié chaque année, sauf la deuxième année de l'installation du tribunal où, on tirerait au sort ceux qui seraient soumis aux renouvellement. En cas de décès de l'un d'eux, son successeur remplirait seulement la période d'exercice restant à accomplir au décédé. Avant d'entrer dans leurs fonctions, purement honorifiques, ils devraient prêter serment à une audience du tribunal civil de l'arrondissement qui en dresserait procès-verbal et l'enverrait à la Cour d'appel qui en ordonnerait l'insertion dans ses registres.

§ 12. — *Nombre des juges exigé pour rendre un jugement*. — Les jugements des tribunaux d'agriculture devraient être rendus par des juges en nombre impair qui ne pourrait être inférieur à trois. Les suppléants ne pourraient être appelés que pour compléter ce dernier nombre, et, dans ce cas, un juge titulaire devrait toujours nécessairement faire partie du tribunal sous peine de nullité.

§ 13. — *Juges complémentaires*. — Si des juges se récusaient ou étaient récusés par les plaideurs et si alors il y avait un nombre insuffisant de juges ou de suppléants, le président tirerait au sort en séance publique les noms de juges complémentaires pris dans une liste, sorte d'*album judicum*, dressée chaque année par le tribunal. Il serait nécessaire de prévoir cette éventualité, car il n'est point rare, dans les campagnes, de voir des villages entiers composés seulement de trois ou quatre familles qui sont plus ou moins parentes ou alliées entre elles.

SECTION II

DE LA COMPÉTENCE DES TRIBUNAUX D'AGRICULTURE

§ 1er. — *Les tribunaux d'agriculture connaîtraient :*

1° *Actes d'agriculture.* — Toutes les contestations relatives aux actes d'agriculture. Seraient réputés actes d'agriculture : tous accords, tous engagements et conventions pour salaires des ouvriers journaliers et employés de l'agriculture ; tout achat ou vente d'ustensiles aratoires ou d'instruments et de machines agricoles ; tout achat ou vente de semences, d'engrais, de denrées, de volailles, d'animaux de l'espèce ovine, chevaline, bovine et porcine, etc., provenant du crû ou de l'exploitation de tout agriculteur. Nous insistons sur ce dernier point, car cela permettrait de faire disparaître la distinction fâcheuse établie par l'article 638, alinéa premier (1), du Code commercial, qui dispose qu'il n'y a vente que quand elle constitue un acte d'entremise, conclusion d'une spéculation commerciale. Cette vente seule jouit actuellement du privilège de la juridiction du tribunal de commerce. Toute autre est soumise au droit commun. Voilà pourquoi l'industrie agricole a été soustraite à la

(1) Art. 638, alin. 1er C. comm. : « Ne seront point de la compétence des tribunaux de commerce les actions intentées contre un propriétaire cultivateur ou vigneron pour vente de denrées provenant de son crû. »

commercialité. On considère que l'agriculteur n'est pas un intermédiaire, qu'il reçoit directement de la nature ce qu'il vend, qu'il ne revend pas par conséquent. Par suite de cette règle, ceux qui se bornent à mettre en valeur les produits de la terre ou de la nature, quels qu'ils soient et quoique il y ait toujours acte de spéculation dans le négoce qu'ils en font, ne peuvent utiliser les avantages que donne la juridiction consulaire. Citons comme exemples : Le propriétaire qui exploite sa forêt ou qui distille ses vins ou ses betteraves et vend les alcools, les sucres (1) qui proviennent de ses opérations, ou qui fabrique du ciment et du plâtre avec les matériaux qu'il trouve dans sa propriété (2).

Le pépiniériste qui fait marchandise des arbres provenus de ses semis ou greffés par lui (3). Le propriétaire d'une mine ou minière qui livre à l'industrie le résultat de son exploitation (4). Le propriétaire d'une saline (5). Le propriétaire ou le locataire d'une carrière l'exploitant (6). L'individu ou la société ayant acquis de l'Etat le droit d'exploiter des eaux minérales ou thermales. Le fermier d'un droit de pêche qui vend les produits de sa pêche (7). Le champignon-

(1) Bruxelles, 18 mars 1879; D., 1884. 2, 79. — Bruxelles, 11 déc. 1852; D., 1854, 5, 122.

(2) Trib. comm. Marseille, 8 avril 1863; D., 1863, 3, 80.

(3) Cass., 13 mars 1878; S., 1878, 1, 312, et J. Pal., 1878, 775.

(4) Cass., 31 janv. 1865; D , 1865, 1, 390. — Nancy, 18 mai 1872; S., 1872, 2, 197.

(5) Trib. comm. Aix, 7 juin 1858 ; D , 1859, 6, 12.

(6) Caen, 17 déc. 1847; D., 1848, 5, 4. — Paris, 22 févr. 1848; D., 1854, 5, 11.

(7) Paris, 31 mai 1869 ; D., 1870, 2, 183 ; S., 1870, 2, 330.

niste (1). Le propriétaire qui tire profit de la glace
extraite de sa propriété (2) etc., etc. Une pareille distinction n'est ni juste, ni rationnelle au point de vue
économique. Nous la supprimons en appliquant à tous
les actes d'agriculture, avec l'institution d'un nouveau
tribunal spécial, les lois dont le commerce a seul
bénéficié jusqu'ici et que l'agriculture est en droit de
revendiquer pour elle aussi.

Ces actes qu'ils fussent agricoles par eux-mêmes
indépendamment de la profession des personnes qui
les feraient, ou qu'ils le fussent à raison de la qualité
de leurs auteurs en vertu de la théorie de l'accessoire,
seraient de la compétence des tribunaux d'agriculture.

Théorie de l'accessoire. — Ainsi par l'application
de cette théorie, admise d'ailleurs par la jurisprudence pour les juridictions spéciales, constitueraient
en plus de tous ceux énumérés plus haut, également
des actes d'agriculture :

a) Les contrats par lesquels un agriculteur traite-
rait avec des architectes, des ouvriers ou des entre-
preneurs pour faire réparer ses greniers, sa ferme
ou sa métairie.

b) L'achat ou le louage de choses mobilières nécessaires à l'exercice de l'agriculture, par exemple,
l'achat de voitures destinées à transporter les grains,
les fourrages, les pailles, les fumiers, etc. ; le louage
d'un instrument ou d'une machine pour l'exercice de
l'industrie agricole.

(1) Paris, 2 mars 1875 et 16 févr., 1880 ; S., 1875, 2, 181, et 1881,
2, 68. — Trib. comm. Seine, 10 nov. 1871 ; D., 1871, 5, 6.
(2) Trib. civ. Chambéry, 31 déc. 1878. — *Le Droit*, du 28 mars
1879.

c) L'assurance mutuelle à prime contre l'incendie, la grêle, conclue par un agriculteur pour les récoltes de ses champs, pour les grains placés dans ses greniers, pour les bestiaux contenus dans ses écuries et étables, pour les instruments et meubles qui garnissent sa ferme, etc., etc.

Mais nous bornerons, là, quant à nous, la théorie de l'accessoire qui ne devrait point être étendue outre mesure; on risquerait en se laissant entraîner par elle, de faire les tribunaux d'agriculture, juges de presque tous les différends et de les détourner par cela même de leur but qui serait : régler généralement les différends exclusivement agricoles. Ainsi, il n'entre point dans notre esprit de considérer, par exemple, comme acte d'agriculture, l'achat ou le louage d'un immeuble, même pour y établir un dépôt agricole.

Pour rechercher le tribunal compétent quand un acte serait à la fois civil, commercial, agricole, il vaudrait mieux se référer à la nature principale de l'acte.

Si l'acte était agricole pour l'une des parties et civil et commercial pour l'autre, son caractère mixte pourrait donner lieu à une autre difficulté de compétence. Dans ce cas, pour déterminer cette dernière, il conviendrait de se placer toujours au point de vue du défendeur. Et s'il y avait plusieurs défendeurs parmi lesquels l'obligation serait agricole à l'égard des uns et civile ou commerciale à l'égard des autres, le tribunal civil serait seul compétent comme formant la juridiction de Droit commun.

2° *Contestations relatives aux billets à ordre, etc.* — Les tribunaux d'agriculture connaîtraient des actions intentées contre tout propriétaire ou fermier ou même endosseurs quelconques, à raison de billets à ordre ayant pour cause une dette contractée pour les besoins d'une exploitation agricole. A ce sujet, un projet de loi fut élaboré, en 1865, par une commission extra-parlementaire (1). Un autre fut rédigé, en 1880, par une autre commission dite *du Crédit agricole mobilier* (2), et repoussé par le Sénat, après une discussion qui tint plusieurs séances, le 31 janvier, les 2, 3 février et 6 mars 1888 (3). L'un et l'autre avaient pour but de permettre à la juridiction commerciale de connaître de ces billets. On sait que la loi française ne les considère pas, à la différence de la lettre de change, comme actes de commerce en eux-mêmes. Les auteurs de ces projets voulaient leur donner ce caractère pour favoriser les agriculteurs. Ils pensaient leur donner plus de crédit en leur procurant ainsi : économie de frais, rapidité de jugement et d'exécution. Nous réaliserions tous leurs vœux en attribuant compétence aux tribunaux d'agriculture, non seulement en cette matière, mais aussi pour toutes les obligations analogues ayant une cause agricole en quelque forme qu'elles soient contractées.

3° *Contestations entre associés pour raison d'une société d'agriculture.* — Quand il s'agirait de contes-

(1) Voir la note suivante.

(2) *Note sur le Crédit agricole mobilier*, p. 132 et suiv., publiée, en 1880, par le ministère de l'agriculture et du commerce et précédée d'un rapport de M. Josseau sur ce projet.

Journal officiel, août 1882. Documents parlementaires. Sénat, p. 471 et suiv.

(3) *Ibid.*, p. 506 et suiv. Proposition de loi Bozérian.

tations en matière de société agricole, le tribunal d'agriculture serait compétent. Il n'y aurait là qu'une application du principe selon lequel les tribunaux d'agriculture connaîtraient des difficultés relatives aux actes d'agriculture. De même à propos de différends qui s'élèveraient entre associés et gérants ou administrateurs, par cela seul que ceux-ci seraient associés. Mais il n'en serait plus ainsi, en cas où un associé poursuivrait contre la société ou réciproquement l'exécution d'un contrat dans lequel il aurait agi comme tiers et non comme associé Il faudrait alors, pour résoudre la question de compétence, s'attacher à la nature du contrat conclu par l'associé avec la société.

4° *Contestations relatives aux engagements et transactions* entre agriculteurs, propriétaires, cultivateurs, vignerons, fermiers, métayers, colons partiaires, journaliers et domestiques de fermes à raison de faits agricoles. Cela viserait évidemment les procès intentés par les maîtres contre leurs serviteurs à raison d'actes se rattachant à l'agriculture. Ainsi, le tribunal serait compétent pour statuer sur une demande de reddition de compte formée par le maître, sur une action en dommages-intérêts intentée par le maître à raison d'une faute d'un serviteur ou de la rupture illégitime de son engagement. Il s'agirait ici de questions se rattachant à l'exercice de l'agriculture ; le tribunal agricole serait particulièrement apte à les trancher et il les résoudrait promptement, ce qui ne gâterait rien. Des motifs d'utilité pratique, la connaissance des usages locaux suffiraient à justifier, rien qu'à cet égard, la compétence d'un tribunal agricole.

5° *Les tribunaux d'agriculture pourraient à l'occasion également connaître* des actions des tiers contre les serviteurs du maître, car, souvent, ceux-ci obligent envers les tiers leur patron, à moins cependant qu'ils n'engagent leur responsabilité personnelle par quelque faute à eux particulièrement attribuable, en vertu des articles du Code civil 1382 et 1383.

6° En outre, ils connaîtraient : *Des actions en louage; des actions possessoires; des actions concernant les servitudes rurales; des contestations de toute nature relatives aux baux à ferme, aux assurances et aux crédits agricoles; des contestations relatives aux vices rédhibitoires dans les ventes et échanges d'animaux domestiques.* Tout ce qui est relatif dans le Code civil, dans le Code rural et dans le décret du 28 septembre et du 6 octobre 1791 *aux biens et aux usages ruraux sur les abeilles, les troupeaux, les clôtures, les récoltes, la police rurale, etc.*

La compétence des tribunaux d'agriculture serait, comme on le voit, assez étendue. Elle remédierait dans une certaine mesure aux inconvénients dus aux oublis volontaires ou involontaires du Code de Commerce, mettrait l'agriculture en meilleure posture qu'elle n'est actuellement vis-à-vis de la justice, et déchargerait d'autant la juridiction civile de première instance et aussi les justices de paix. On pourrait alors sans inconvénient supprimer l'une, dans certains arrondissements où les prétoires sont très peu surchargés de besogne. Quant aux autres, on pourrait aussi modifier leurs attributions et remplacer celles qu'on leur enlèverait au point de vue agricole, par une augmentation du taux de celles qui leur reste-

8

raient au point de vue civil et par une extension de compétence pénale.

§ 2. — *Compétence en premier ressort et compétence en dernier ressort.* — Dans les divers cas où ils seraient compétents, les tribunaux d'agriculture tiendraient la place, comme nous venons de le dire des tribunaux civils, mais aussi des juges de paix pour les affaires agricoles qu'ils connaissent.

Par suite, les tribunaux d'agriculture jugeraient en dernier ressort :

1° Toutes les demandes dans lesquelles les parties justiciables de ces tribunaux et usant de leurs droits, auraient déclaré vouloir être jugées définitivement et sans appel ;

2° Toutes les demandes dont le principal n'excéderait pas une certaine valeur à déterminer.

3° Les demandes reconventionnelles ou ses compensations, lors même que, réunies à la demande principale, elles excèderaieut la valeur à déterminer.

Si l'une des demandes s'élevait au-dessus des limites ci-dessus indiquées, le tribunal ne prononcera qu'en premier ressort. Néanmoins, il sera statué encore en dernier ressort sur les demandes en dommages-intérêts lorsqu'elles sont fondées exclusivement sur la demande principale elle même et que celle-ci n'excèdera pas les limites ci-dessus fixées.

SECTION III

DE LA PROCÉDURE AGRICOLE

La forme de procéder devant les tribunaux d'agriculture devrait être le plus possible simple, rapide et peu coûteuse. On emploierait celle qui est suivie devant les justices de paix et qui est réglée par le Livre premier du Code de procédure civile.

§ 1. — *Une tentative de conciliation* devant un juge du tribunal d'agriculture, précèderait toujours toute citation en jugement, sauf dans les cas prévus par le susdit code. Le défendeur pourrait comparaitre volontairement à l'audience, le jour indiqué par un simple billet d'avis, sans qu'il fût besoin de l'assigner par ministère d'huissier. Le délai de comparution ne serait point trop étendu. Le canton étant une circonscription territoriale peu considérable, on peut être prévenu aisément dans la journée. Un jour franc serait donc accordé, mais dans les cas qui requerraient célérité, le président pourrait permettre d'assigner d'heure à heure et même sans entendre les parties ; autoriser par exemple certains actes, comme une saisie conservatoire des meubles du défendeur en vertu de l'art. 417 du code de procédure civile et sans que le demandeur ait un titre exécutoire. Il serait ainsi impossible de faire disparaitre : les grains, les récoltes à naître, les animaux, etc., et on assurerait l'exécution des obligations nées d'un contrat, ou à naître d'un jugement.

§ 2. — *Exceptions.* — Les exceptions pourraient être opposables devant les tribunaux d'agriculture, comme elles le sont devant les tribunaux civils et commerciaux.

§ 3. — *De l'appel.* — Les jugements des tribunaux d'agriculture rendus en premier ressort seraient susceptibles d'appel, dans les deux mois de la signification du jugement. Mais pour qu'il n'y ait point de contradiction à avoir une juridiction agricole en première-instance et à ne pas en avoir en appel, et puisque les tribunaux d'agriculture seraient répartis régulièrement sur tous le territoire, et qu'aucun tribunal de droit commun ne 'jugerait les procès agricoles, nous organiserions une juridiction agricole d'appel un peu différente de celle de 1re Instance en ce sens qe'elle serait composée d'un magistat prési- dent choisi parmi les juges du tribunal d'arrondis- sement et de deux agriculteurs élus spécialement par chaque canton, pour connaître exclusivement des appels agricoles de leur canton, ou qu'on pourrait prendre à la rigueur parmi les juges du premier degré mais n'ayant pas participé au jugement de l'affaire frappée d'appel. La Chambre des députés a été saisie par MM. Félix Faure et autres, le 29 dé- cembre 1885, d'une proposition de loi analogue tendant à la création de Cours d'appel commerciales qui seraient composées également d'un magistrat président et de deux commerçants (1).

Ces tribunaux d'appel jugeraient sommairement et toujours sans intervention d'hommes d'affaires. Les parties comparaîtraient elles-mêmes comme il a été dit plus haut. En conséquence (a) un simple acte porterait sans autre procédure l'appel à l'audience; (b) les enquêtes auraient lieu à cette audience:

(1) *Revue critique de législation*, 1888, p. 267 et suiv., article de M. Francis Cambuzat : *Quelques réflexions à propos du projet de loi sur les Cours d'appel commerciales.*

Journal officiel. Documents parlementaires. Chambre des dépu- tés, année 1885.

(c) les frais des appels des jugements d'agriculture seraient taxés le plus bas possible.

§ 4. — *Voies de recours*. — En matière agricole, comme en toute autre matière on distinguerait les voies de recours ordinaires, qui seraient l'opposition pour les jugements par défaut, et l'appel comme nous l'avons vu pour les jugements soit contradictoires, soit par défaut, et les voies de recours extraordinaires, comme le pourvoi en cassation, la tierce opposition, la prise à partie.

§ 5. — *Discipline*. — Les tribunaux d'agriculture seraient comme les autres, dans les attributions et sous la surveillance du Ministre de la justice.

Voilà comment nous entendrions, quant à nous, organiser les tribunaux d'agriculture. Notre plan a été étudié, comme nous l'avons déjà déclaré, d'après des institutions existantes et des projets de loi présentés au Parlement par des hommes connus pour leur savoir. Il repose donc sur des données assez sérieuses. Malgré cela, nous ne prétendrons pas qu'il soit sans défaut et qu'on ne puisse pas y apporter quelques autres modifications et améliorations. Nous ne demandons pas mieux qu'on le critique et qu'on propose encore mieux.

CHAPITRE IV

Utilité des Tribunaux d'Agriculture.

Tout le monde s'accorde à reconnaître que notre procédure ordinaire est trop formaliste, trop compliquée, trop lente et surtout trop coûteuse, et qu'il est nécessaire de la modifier et de la rendre plus rationnelle, plus abrégée et moins onéreuse. Dans les campagnes qui souffrent davantage de ce mal parce qu'il ne fait que s'ajouter à bien d'autres, également très fâcheux, les plaintes sont vives contre l'organisation actuelle de la justice. Toutefois, nous ne pensons point, quelque désir que nous ayons de voir une opinion unanime se manifester en faveur des tribunaux d'agriculture, réaliser sur ce sujet l'accord parfait d'ailleurs incompatible avec la nature humaine. Et voilà pourquoi nous sommes certain d'avance que la juridiction spéciale que nous venons de décrire sera l'objet de beaucoup d'attaques et de critiques. Il en est certaines cependant auxquelles nous nous attendons plus particulièrement et que nous voulons pour cela présenter ici pour pouvoir ensuite les réfuter ou les atténuer.

SECTION PREMIÈRE

OBJECTIONS CONTRE LES TRIBUNAUX D'AGRICULTURE

Les adversaires des tribunaux d'agriculture soutiendront sans doute que leur création ne leur paraît

pas précisément nécessaire, qu'elle serait donc inutile
et peut-être même nuisible. Leur existence n'aurait
eu une raison d'être qu'à l'époque où le droit rural
était essentiellement coutumier; un agriculteur, un
homme des champs pouvait seul alors connaître à
fond les usages si divers, si multiples qui réglaient
le Manse, la Main-ferme, ou la colonge qu'il cultivait avec ses semblables. Or le droit rural a beaucoup
perdu du caractère coutumier qu'il avait naturellement au moyen âge et tend de plus en plus à devenir un
droit écrit. Les coutumes générales ou locales, les
usages particuliers disparaissent peu à peu, abrogés
par des lois qui forment par leur ensemble un véritable code rural. La France ne possède pas encore le
sien, plusieurs Etats ont devancé le nôtre en cela.

La Belgique l'a promulgué en 1886, la République
Argentine, le 18 août 1893, la Hongrie, le 31 mai 1894
sous le titre de loi sur la police et la culture rurale
qui est un véritable petit code. Dans notre pays aussi un
grand nombre de coutumes et d'usages se sont trans-
formés en véritables lois, beaucoup d'autres pourraient être aisément codifiés. Les magistrats de carrière, grâce à des études nombreuses, spéciales,
et à leur expérience, sont capables de les connaître et
de les interpréter aussi bien et même mieux que les
agriculteurs. A l'observation qu'on pourrait faire que
certains procès exigent des connaissances techni
ques, on répond que les juges agricoles ne seraient
pas plus aptes que les simples mortels à les juger, car
ils n'auraient réellement une sérieuse compétence
que pour leur profession particulière. Pour d'autres,
ils seraient eux aussi dans la nécessité de recourir

très souvent à des experts ou à des arbitres rapporteurs, or les tribunaux ordinaires peuvent fort bien faire cela.

L'existence des tribunaux d'agriculture occasionnerait certainement des dépenses et des pertes de temps pour les plaideurs et quoiqu'ils fassent pour les éviter. Si par erreur un procès agricole était porté devant un tribunal civil ou autre une exception d'incompétence pourrait être opposée, car il ne serait pas toujours facile de savoir d'où relève *l'affaire*, de nombreuses chicanes naîtraient à propos de tout : d'obscurité de texte, de silence de la loi, de confusion d'articles, etc. Un esprit tatillon trouverait souvent à redire. Les jugements seraient par là retardés et donneraient lieu à des frais et à des lenteurs sans nombre. En conséquence les tribunaux d'agriculture seraient plutôt nuisibles qu'utiles aux justiciables.

Dans un autre ordre d'idées, l'impartialité des juges, condition primordiale d'une bonne justice, ne serait-elle point un vain mot ? Se peut-il que les juges agricoles soient impartiaux ou tout au moins sans prévention ? Non. Placés trop près des plaideurs, ayant souvent les mêmes intérêts qu'eux, il serait à craindre que leur décision ne fût influencée par des considérations de personnes ou de choses. On se reprocherait alors de n'en être pas resté à l'état actuel où sans doute les juges sont souvent trop loin, et Dieu trop haut, pour bien entendre les affaires de justice mais où du moins ils sont à l'abri des mesquineries de hameaux. Il n'est pas souhaitable de rééditer les doléances que nous a laissé Loyseau dans son traité des abus de justices de village, (1) qui furent une des plaies de l'Ancien Régime.

Ces mêmes juges, d'autre part, ne connaîtraient point en général suffisamment le Droit. Ils seraient certainement plusieurs fois inaptes à résoudre les questions difficiles. Le juge populaire, ignorant les principes juridiques, manquerait de la condition essentielle à l'accomplissement de la mission dont il serait chargé. En organisant les tribunaux d'agriculture, on risquerait donc d'enlever inconsciemment aux agriculteurs les garanties de la bonne justice dont ils jouissent maintenant et dont continueraient à jouir les autres citoyens. Ils seraient les premiers à demander à retourner au droit commun.

L'utilité et la nécessité de tribunaux d'agriculture ne s'imposent pas. Pourquoi créer chez nous une nouvelle juridiction dont on peut se passer? Ne trouve-t-on pas qu'il y en ait suffisamment? Il n'en manque pourtant pas et c'est justement ce qui cause beaucoup d'ennuis.

Telles sont les principales objections que les détracteurs de notre système pourront faire contre lui. Nous allons offrir maintenant la contre-partie et donner la réfutation des précédentes critiques et présenter les avantages des tribunaux d'agriculture dans la section suivante.

(1) V. Loyseau, *Traité des Abus de justices de village.*

SECTION II

UTILITÉ DES TRIBUNAUX D'AGRICULTURE. ARGUMENTS
EN LEUR FAVEUR

Les inconvénients que présenterait la nouvelle juridiction, il serait aisé, à notre avis, soit de les atténuer, soit de les faire disparaître.

Sans doute, le droit rural a bien changé et chan-
gera encore bien davantage. Dans notre pays, tous les
jours de nouvelles lois apparaissent, plongeant dans le
néant les vieilles coutumes, transmises de génération
en génération depuis les temps les plus reculés, et
sous l'empire desquelles vécurent nos pères. Mais cela
n'est point une raison suffisante. Pourquoi d'abord le
juge populaire ne serait-il point appelé à les interpréter ? Ce n'est pas lui qui devrait être le juge d'exception, mais bien le magistrat de carrière auquel on
devrait avoir de moins en moins recours. De même
qu'il se gouverne, de même le peuple devrait se
juger, lui-même, autant que possible. Dans les campagnes comme ailleurs, il se rencontre des gens
sages, prudents, avisés, au jugement droit et qui étu-
dieraient et connaîtraient d'autant mieux les lois
agricoles qu'ils seraient les premiers intéressés à les
savoir. Ces lois, ensuite, aussi nombreuses qu'elles
puissent exister de notre temps, ne donnent pas et ne
peuvent pas donner la solution de toutes les questions
agraires. Il y a des matières complètes sur lesquelles
elles sont muettes et qui ne sont régies que par la
coutume. Le Code civil français y renvoie fréquem-

ment dans plusieurs de ses titres, notamment pour l'usufruit, les servitudes, le contrat de louage, etc. Plusieurs de ses articles sur une foule de points, consacrent le domaine de la coutume. Donnons-en des exemples plus détaillés. Les articles 590, 591, 593, à propos de l'usufruit des bois ; 645, à propos des eaux courantes ; 663, à propos de la hauteur des clôtures dans les villes et dans les faubourgs ; 671, à propos des distances à garder entre les héritages pour les plantations d'arbres ; 674, à propos des constructions susceptibles de nuire aux voisins ; 1736, 1745, 1748, 1753, 1757, 1758, 1759, 1774, à propos des délais à observer pour les congés et les payements des locations et sous-locations ; 1754, à propos des réparations locatives ; 1777, à propos des obligations des fermiers entrants et sortants, ne résolvent rien ; ils renvoient aux règlements et usages locaux qui varient suivant les lieux. Sans doute, il est à souhaiter que, dans l'avenir, les anciens usages et les bigarrures qu'ils laissent subsister dans la législation, puissent disparaître complètement et faire place à un système qui soit un et le même pour tous. Mais ce ne saurait être l'œuvre d'un jour et, en attendant que cette loi d'unité et de fusion soit rédigée et promulguée, les usages locaux continueront à subsister, consacrés par la loi et applicables par les autorités administratives et judiciaires (1). Ils sont actuellement tous les jours la base et la règle d'un grand nombre de transactions. Et les magistrats de carrière les connaissent en général fort mal. Ce sont surtout eux que les tribunaux

---

(1) V. Fons, *Usages locaux*, préface.

d'agriculture rechercheraient pour résoudre la quantité de difficultés qui s'élèvent quotidiennement dans
les campagnes. Cette recherche n'est point toujours
facile, elle est ardue. Pour découvrir quelle a été dans
tel ou tel contrat verbal ou écrit, la volonté des parties, il faut savoir d'avance comment par-ci par-là
pensent et agissent ordinairement les classes rurales,
c'est-à-dire connaître les usages des lieux. Qui les
saura mieux que les agriculteurs eux-mêmes ? On ob-
jectera, il est vrai, que chaque agriculteur ne con-
naîtra souvent que les usages de la profession agricole à laquelle il se livre spécialement. Cela se mani-
festera, sans doute, quelquefois. Mais, la plupart du
temps, ce ne seront pas des questions techniques spéciales à une certaine branche de l'agriculture qui se
présenteront, mais des questions relatives à l'agriculture en général (Sociétés, assurances, crédit, contrats, transactions, actes agricoles, partout à peu près
les mêmes, d'autant que presque toutes sont déjà ré-
glementées par des lois). Ces questions, grâce à une
instruction agricole générale et à son expérience pratique, tout paysan intelligent et sensé sera en mesure
de les connaître et de les comprendre, mieux qu'aucun. Les tribunaux d'agriculture seraient d'ailleurs
la représentation du pays, son image. La plupart de
leurs membres appartiendraient à l'industrie agricole, dominante de la contrée. Et personne plus
qu'eux ne saisira les explications apportées à propos
de contestations vinicoles, fromagères, etc. ou relatives à l'élevage, à la culture des céréales ou autres,
suivant les régions où elles se produiront. L'objection
n'a donc point de valeur.

§ 1. — La critique tirée de l'ignorance où les juges agricoles seraient du droit général, de la difficulté qu'ils auraient à résoudre des arguties de procédure, prouverait seulement que le système consistant à composer les tribunaux d'agriculture exclusivement d'agriculteurs pourrait être sur ce point défectueux, mais n'incrimine pas toute l'institution. Nous convenons cependant qu'elle est assez sérieuse et digne de considération. Voilà pourquoi nous ne serions point éloigné de l'idée, de faire siéger pour parer à cet inconvénient, des magistrats de profession à côté des agriculteurs. Nous pensons qu'on aurait tort d'exclure complètement les jurisconsultes, et d'ailleurs le voudrait-on qu'on y arriverait imparfaitement. Il se produirait peut-être pour les tribunaux d'agriculture le même fait que pour les tribunaux de commerce. Les juristes coopèreraient plus ou moins ouvertement au jugement des procès agricoles. Conscients de leur insuffisance juridique, les agriculteurs-juges se réfèreraient le plus souvent à l'avis du greffier ou du secrétaire de la présidence et le chargeraient d'ordinaire de la rédaction des jugements. Ce commis serait alors le vrai juge. Derrière les coulisses il n'offrirait pas toujours lui-même les garanties de capacité qu'on est en droit d'exiger d'un juge et il échapperait à la responsabilité, sans laquelle il ne peut y avoir de bonne justice. On pourrait, il est vrai exiger de lui, tout au moins un certificat d'études juridiques, ou un stage dans un greffe civil. En Belgique, (1) les greffiers soit de tribunal de commerce,

(1) L. 18 juin 1869, art. 65.

soit de tribunal civil ou de Cour d'appel doivent être docteurs en Droit. Nous n'allons pas jusque là. Le remède serait pire que le mal car ce serait alors, que les juges sans diplômes abdiqueraient devant un si fort gradué ! Cette pratique vicieuse règne dit-on habituellement dans les tribunaux de commerce ; ne s'introduirait-elle pas dans les tribunaux d'agriculture, où ceux qui seraient chargés de juger posséderaient encore moins que les commerçants les connaissances générales du Droit et de la Procédure.

Voila pourquoi nous estimerions assez de placer à côté des juges agricoles, un magistrat de carrière.

Quel serait-il ? Deux propositions peuvent-être émises à ce sujet.

A) Un magistrat professionnel présiderait le tribunal d'Agriculture. Le juge de paix résidant au chef-lieu du canton serait naturellement désigné pour cette mission. Ce magistrat, pour ses collègues agricoles serait un guide dans l'application saine et uniforme de la loi, une sentinelle avancée du Droit, chargée de leur rappeler incessamment les formes à l'audience et ne les quittant pas dans la Chambre du Conseil. Dirigeant ostensiblement les délibérations du tribunal, l'éclairant sur les questions difficiles, les services qu'il rendrait seraient nombreux et son influence serait préférable à l'influence occulte et dénuée de garantie du greffier. Il serait la résurrection et son rôle serait celui du *Thungimus* dans le *Mall* de la *Mark* franque, du seigneur ou de son représentant dans les assemblées judiciaires du manse, de la main fermé de la colonge, etc., vis-à-vis de ceux qui figu-

raient dans les tribunaux agricoles de l'époque (1).
De nos jours ce système prévaut dans les pays qui
conservent la juridiction consulaire. En Allemagne
il est vu avec si grande faveur, qu'il est même appliqué en matière criminelle. Les tribunaux d'échevins
sont composés d'un magistrat président et de deux
assesseurs simples citoyens ; ils jugent les contraventions et jouissent d'une grande considération, non
seulement auprès du public, mais aussi auprès des
jurisconsultes. Il est en partie appliqué en France
avec le Jury, que dirige le président des Assises, il
le serait davantage si on instituait le jury correctionnel et le jury civil, comme on l'a souvent demandé. La proposition de loi de M. Félix Faure du
29 décembre 1885, à laquelle nous avons déjà fait
allusion, à propos de l'appel des tribunaux d'agriculture, (2) a été inspirée par la même idée. Le président de la République alors simple député, propo-
sait de créer des Cours d'appel commerciales et il
composait les Chambres commerciales de ces Cours,
d'un magistrat président et de deux juges commerçants.

B) Si on craignait que la suzeraineté d'un juge
n'absorbât trop les autres membres du siège, que
quelque désaccord survînt entre lui et ses assesseurs,
qui ne laisserait pas, s'il se produisait, d'être fâcheux
à cause de l'inamovibilité de l'un et de la situation
précaire des autres, soumis à l'élection, on pourrait
instituer simplement non un supérieur, mais un auxi-

(1) V. *suprà*, 1re partie, ch. II et III.
(2) V. *suprà*, 2e partie, ch. II, et *Journal officiel*. Documents
parlementaires. Chambre des députés, 1885.

liaire comme dans les autres juridictions, c'est-à-dire
introduire le ministère public. Par ses conclusions,
il éclairerait les agriculteurs sur les points de droit
qu'ils ne saisiraient pas facilement. Ce palliatif à
l'insuffisance juridique des membres du tribunal ne
nous plairait pas autant que le premier, car il présente beaucoup plus de danger. Il serait à craindre
que les juges consulaires, ou négligeraient absolument son opinion, dans ce cas la réforme serait inutile, ou au contraire s'y conformeraient aveuglément
et alors la jurisprudence serait donnée en fait à un
magistrat de profession. En second lieu, l'introduction du ministère public nuirait à la simplicité des
tribunaux d'agriculture, il n'est point nécessaire
qu'il y ait un intermédiaire entre l'agriculteur qui
jugerait et ceux qui plaideraient, et à la rapidité des
affaires par la liberté qu'il aurait de demander des
remises, etc. Peut-être aurait-il la prétention de me-
ner le tribunal ; il soulèverait alors des antipathies
et créerait des conflits regrettables. Où prendre,
d'ailleurs, l'officier du ministère public ? Le prendre
parmi les juges serait manquer le but et ne donnerait
pas l'instituteur juridique dont le tribunal aurait besoin. Autre part ? Qui trouver dans les campagnes
avec assez de science judiciaire ? Créer alors un nouveau fonctionnaire ? Qui le nommerait ? Car, suivant
sa nomination, il pourrait être ou trop dépendant ou
trop indépendant du tribunal, ce qui serait également
critiquable. Toutes les combinaisons qu'on envisage
sont peu satisfaisantes. Aussi sommes-nous d'avis
que l'office du ministère public ne saurait s'implanter
dans les tribunaux d'agriculture.

Quoiqu'il en soit, une juridiction agricole, qu'elle comprenne ou non un élément judiciaire, aurait toujours, nous l'avouons en toute sincérité, l'inconvénient de faire naître des questions de compétence. Nouvelle source donc de frais et de retards. Mais c'est là un résultat fâcheux que produit nécessairement toute dérogation à l'unité de juridiction. Or, l'unité judiciaire, séduisante en théorie, est difficile en pratique à réaliser. Les magistrats ne peuvent pas être encyclopédiques. La science du Droit est trop étendue et la moyenne des connaissances humaines trop imparfaite pour que le résultat préconisé par les unitaires absolus puisse jamais être atteint. Et voilà pourquoi nous avons tant de juridictions spécialisées, militaire, maritime, administrative, civile, commerciale, pénale, etc. Toutes donnent lieu à des difficultés de compétence, faudrait-il les supprimer ? Et le peut-on ? Non. Et puis, l'inconvénient, à ce point de vue, est relatif ; il peut être aisément et largement atténué, pour ne point dire complètement supprimé. Il suffirait qu'une loi bien faite délimitât avec netteté le domaine de chaque juridiction.

Greffer une nouvelle juridiction sur celles qui existent déjà, et dont on déplore la variété et le trop grand nombre, ne serait point évidemment pour simplifier l'organisme compliqué de la justice en France. Qu'y faire ? Puisqu'on admet cette complication en faveur de certaines classes de la nation, pourquoi, en vertu de quel droit priverait-on l'agriculture du privilège d'être traitée comme la classe la plus favorisée ? C'est parce que le principe dont émanent nos juges est défectueux, qu'on est obligé d'y apporter de nombreuses

9

dérogations. La réforme radicale de la magistrature a toujours effrayé les esprits dans notre pays. On n'a point osé encore étendre le jury du criminel au correctionnel et au civil comme il existe depuis des siècles en Angleterre (1). Ce serait pourtant le seul moyen d'unifier les juridictions et de contenter, croyons-nous, beaucoup de monde. Non seulement les défenseurs de l'unité judiciaire, mais aussi les partisans de la justice égalitaire et démocratique, comme nous l'entendrions, quant à nous volontiers, avec éléments judiciaire et populaire, seraient ainsi satisfaits.

Mais tant que cette Grande Réforme n'aura pas été faite, il faudra supporter les fâcheuses conséquences auxquelles nous condamne le système en vigueur.

Avec cette réflexion nous clôturons la série des principales objections qu'on émettrait contre l'institution des tribunaux d'agriculture. Si nous n'avons pas la pensée de les avoir réfutées victorieusement, nous avons du moins celle de croire que leur importance est fortement diminuée et que telles quelles, elles ne peuvent amoindrir l'utilité des tribunaux agricoles. Si on compare en regard les bienfaits qu'ils sont appelés à rendre, les ennuis et les frais de tous ordres qu'ils éviteront, en assurant en même temps une bonne et juste compréhension des questions et coutumes rurales, ces objections n'auront plus, certainement, une valeur.

(1) M. Jean Cruppi, député de la Haute-Garonne, ancien avocat général à la Cour de cassation dans la *Revue des Deux-Mondes* et dans son remarquable et intéressant ouvrage : *La Cour d'assises*, a présenté au public lettré une attachante étude de l'institution du jury et de ses rapports avec la magistrature.

CHAPITRE V

Des Conseils de Prud'hommes Agricoles.

Nous abordons dans ce chapitre la seconde concep-
tion de la juridiction consulaire étendue à l'agriculture. Nous allons traiter ce nouveau sujet comme
nous l'avons fait du précédent, en trois sections :
1° organisation : 2° compétence ; 3° procédure ; et en
nous inspirant des mêmes principes : économie de
temps et d'argent ; compétence professionnelle ; simplification de procédure.

SECTION PREMIERE

DE L'ORGANISATION

§ 1er. — *Création des Conseils de Prud'hommes
agricoles. Dépenses.* — Les Conseils de prud'hommes
agricoles pourraient être, en vertu des mêmes idées
émises au chapitre 2, répartis d'une façon régulière
dans chaque canton de France. Si on tenait à laisser
aux régions intéressées une certaine liberté d'appréciation, ils pourraient alors être établis par décrets
rendus dans la forme des règlements d'administration
publique, après avis des conseils municipaux des
communes du canton, et consultation des Conseils
d'arrondissement et de département. Les dépenses

que nécessiteraient les frais d'établissement, d'élection, de chauffage, d'éclairage et autres, seraient
dans ce cas obligatoirement à la charge de chacune
des communes de la circonscription cantonale propor-
tionnellement à son importance.

§ 2. — *Ressort des Conseils de prud'hommes.* —
Le ressort des Conseils de prud'hommes agricoles
serait naturellement celui du canton.

§ 3. — *Nombre des Conseillers prud'hommes.* — Le
décret de création déterminerait le nombre des prud'-
d'hommes d'après l'importance agricole du ressort. La
loi ne fixerait pas de maximum, le minimum serait
de quatre. Un nombre égal appartiendrait à chacune
des deux catégories d'agriculteurs qui, séparément,
seraient chargées de les élire. Il n'y aurait pas de
prud'hommes suppléants, ni de ministère public, car
les affaires qui leur seraient soumises ne seraient ni
très nombreuses ni très compliquées.

§ 4 *Corps électoral.* — Seraient électeurs : 1° Les
propriétaires, usufruitiers ou possesseurs d'héritage rural ; 2° Les fermiers, colons ou métayers. Tous
domiciliés dans le canton et âgés de 21 ans, sans conditions de nationalité, ni de sexe.

Dans chaque commune de la circonscription, tous
les ans, à une époque à déterminer, le maire assisté
de deux assesseurs qu'il choisirait, l'un parmi les propriétaires usufruitiers ou possesseurs d'héritage
rural, l'autre parmi les fermiers, colons ou métayers,
inscrirait par catégorie, les électeurs sur deux
tableaux qu'il enverrait au préfet. Ce dernier dresserait et arrêterait les listes qui, déposées ensuite à la

mairie du chef-lieu de canton, devraient être communiquées à tout requérant.

§ 5. *Eligibles.* — Seraient éligibles, les électeurs citoyens français, âgés de 30 ans révolus, sachant lire et écrire.

§ 6. *Elections.* — Les électeurs convoqués au moins vingt jours d'avance par le préfet se réuniraient au chef-lieu du canton, toujours un dimanche. Ceux de la première catégorie, réunis en assemblée particulière nommeraient directement les prud'hommes de leur catégorie ; ceux de la deuxième agiraient de même. Le juge de paix et son suppléant présideraient chacun un bureau de vote. Les règles établies par les articles 13, 18 à 25, 26 §. 1er et 3, 27 à 30 de la loi du 6 avril 1884 sur les élections municipales s'appliqueraient aux opérations électorales pour les conseils des prud'hommes agricoles.

§ 7. *Réclamations.* — Le juge de paix du canton instruirait et jugerait toutes les réclamations suscitées par les prescriptions précédentes conformément aux articles 5 et 6 de la loi du 8 décembre 1883 sur les élections consulaires.

§ 8 *Durée des fonctions.* — Les prud'hommes agricoles seraient élus pour quatre ans et indéfiniment rééligibles. Comme les juges de paix, ils prêteraient le serment, à une audience du tribunal civil, de remplir leurs devoirs avec zèle et intégrité et de garder le secret de leurs délibérations.

§ 9. *Présidence.* — Le président du Conseil des prud'hommes agricoles, afin d'éviter les ennuis et les compétitions qui se produisent dans les conseils de prud'hommes industriels à propos des élections présidentielles et vice-présidentielles, serait toujours le juge de paix du canton ou son suppléant. Les prud'hommes agricoles trouveraient ainsi un guide un peu plus compétent juridiquement qui éclairerait de ses lumières, les connaissances qu'ils auraient des usages ruraux et que le magistrat cantonal ignore parfois. Cela serait tout simplement une restauration de la loi des 16 et 24 août 1790, article 3 qui établissait dans chaque commune un juge de paix assisté d'assesseurs pris parmi quatre notables estimés et connus dans le pays, élus pour deux ans au scrutin de liste et à la majorité relative des citoyens réunis en assemblées primaires. De plus, cette disposition serait un empêchement certain aux dissentiments qui surgissent parfois de nos jours entre patrons et ouvriers industriels, hostiles les uns aux autres, dans les tribunaux prud'hommaux qu'ils composent en égal nombre et dont ils annihilent ainsi les jugements. Le juge de paix maintiendrait l'harmonie entre eux et à la rigueur ferait pencher la balance de la justice du côté du droit et de l'équité sans se préoccuper des rivalités et inimitiés sociales qui diviseraient ses assesseurs.

§. 10. *Auxiliaires.* — Un secrétaire nommé et révoqué par les prud'hommes remplirait dans chaque conseil les fonctions de greffier. Son salaire serait taxé d'avance par règlement d'administration publique sur une base équitable, en proportion du service rendu ou de la peine prise et avec le désir d'occasionner le moins de frais possible aux justiciables. Il serait payé directement par les parties, par exemple : par lettre d'invitation de se rendre devant le conseil,

0 fr. 15 cent non compris l'affranchissement ; pour chaque rôle d'expédition qu'il délivrerait et qui contiendrait 20 lignes à la page et 12 syllabes à la ligne, 0. 40 ; pour l'expédition, si la partie le requerrait, procès-verbal qui constaterait que les parties n'ont pu être conciliées et qui ne devrait contenir qu'une mention sommaire qu'elles n'ont pu s'accorder, 0.80 ; pour la convocation par lettre recommandée, 0. 60 ; les frais de papier, de registres et d'expéditions seraient à la charge du secrétaire.

Il en serait de même des huissiers dans le cas où leur ministère serait requis. Pour la signification d'un jugement, 1 fr. 75 et s'il avait une distance de plus d'un demi-myriamètre entre la demande de l'huissier et le lieu où devrait être remise cette signification, il lui serait payé, 2 francs par myriamètre ; pour la copie des pièces qui pourraient être données avec les jugements rendus il lui serait attribué par chaque rôle d'expédition de 20 lignes à la page et de 12 syllabes à la ligne, 0 fr. 20.

Tout secrétaire et tout huissiers convaincus d'avoir exigé une taxe plus forte seraient punis comme concussionnaires sans préjudice pour le dernier, des peines disciplinaires édictées par sa « Compagnie ».

Les témoins entendus par le Conseil, qui en feraient la demande, pourraient se faire allouer une indemnité de 2 francs pour perte de temps, et de 4 francs s'ils étaient domiciliés hors du canton à plus de deux myriamètres.

Les justiciables connaissant ainsi d'avance les divers frais de justice qui leur incomberaient, agiraient avec discernement sans avoir à craindre leur exagération. Leur chiffre actuellement est un obstacle à la reddition de la justice. Riches et pauvres reculent devant des dépenses disproportionnées que rien ne justifie.

§ 2. — *Bureaux du Conseil.* — Chaque Conseil de prud'hommes serait divisé en deux bureaux, l'un de conciliation, l'autre de jugement.

A). *Bureau de conciliation.* — Il serait composé de deux membres dont l'un appartiendrait à la première catégorie et l'autre à la deuxième et présidé par le juge de paix ou son suppléant. Il tiendrait une audience non publique par semaine

B). *Bureau de Jugement.* — Présidé de même et composé d'un nombre (quatre au moins) toujours égal de prud'hommes propriétaires, usufruitiers ou possesseurs d'héritage rural et de prud'hommes fermiers, colons ou métayers. il aurait ses audiences publiques à moins de circonstances exceptionnelles, et les tiendrait suivant les nécessités du service pour juger les contestations qui n'auraient pu être terminées par conciliation. Le prononcé du jugement devrait avoir lieu toujours publiquement et le plus promptement possible.

SECTION II

DE LA COMPÉTENCE

§ 1er. — *Les Conseils de prud'hommes* agricoles ne seraient compétents qu'à l'égard d'agriculteurs et à raison de choses d'agriculture. Ils connaîtraient des différends qui s'élèveraient à l'occasion des contrats de bail à ferme, à colonat ou à métayage entre les propriétaires, usufruitiers ou possesseurs d'héritage rural et les fermiers colons ou métayers.

Ils statueraient sur les demandes en expulsion des lieux, sur celles relatives aux congés et sur celles en validité de saisie gagerie poursuivie pour toute créance, résultant du bail. Ils régleraient les questions à propos de leur profession agricole surgissant entre propriétaires, fermiers, régisseurs, maîtres-valets, estivandiers, estachauts et autres ouvriers de l'agriculture. Toutes les contestations que soulèvent les fruits et les produits annuels ou périodiques des arbres ; les échalas, les pépinières, le glanage, les abeilles, les troupeaux, les récoltes, le parcours et la vaine pâture, les cours d'eaux, les chemins de halage le curage des ruisseaux, l'irrigation, les arbres, les haies, les bornes, les murs de clôture, les contre-murs, le tour d'échelle, les baux à loyer avec les arrhes, le payement du prix, les congés, la tacite reconduction, l'expulsion, les réparations locatives, les meubles garnissant la maison louée etc. etc., seraient de leur compétence exclusive comme se basant généralement sur des usages agricoles que seuls des prud'hommes peuvent mieux connaître et mieux interpréter.

§ 2. *Compétence en premier et en dernier ressort.* — Ils jugeraient sans appel lorsque le chiffre de la demande n'excèderait pas 600 francs et à charge d'appel à quelque somme qu'elle puisse s'élever. Mais ils jugeraient toujours à charge d'appel lorsque la résiliation du bail serait demandée par l'une des parties ou lorsqu'il s'agirait de la responsabilité en cas d'incendie.

SECTION III

DE LA PROCÉDURE

§ 1er. — Toutes les contestations de la compétence des prud'hommes agricoles seraient soumises à la conciliation, que l'institution aurait pour but de favoriser encore plus qu'elle ne l'est devant les juridictions ordinaires. Les prud'hommes devraient être autant que possible des *juges de paix*. Les parties pourraient toujours se présenter volontairement devant le bureau spécial pour y être conciliées. A défaut de comparution volontaire, une invitation de se présenter en personne au jour et à l'heure fixée serait donnée par simple lettre du secrétaire, qui jouirait de la franchise postale, et qui contiendrait les jour, mois et an, les noms, prénoms, profession et domicile du demandeur, l'indication de la demande, le jour, l'heure et le lieu de la comparution. En cas d'absence ou de maladie, ou même en tout état de cause, tout justiciable pourrait se faire représenter ou assister par une personne de la catégorie à laquelle il appartiendrait et non par aucune autre, munie, soit d'un pouvoir spécial affranchi du timbre et de l'enregistrement, soit de la lettre du secrétaire, visée par le destinataire, dont la signature devrait être légalisée dans les formes ordinaires. Les parties ne pourraient faire signifier aucune défense. Si au jour fixé par la lettre du secrétaire, le demandeur ne comparaissait pas, la cause serait rayée du rôle, elle pourrait être reprise après le délai de 8 jours. Si le défenseur ne comparaissait pas ou si la conciliation n'avait pu avoir lieu, l'affaire serait renvoyée à la plus prochaine audience du bureau de jugement. Le secrétaire convoquerait par lettre recommandée, accompagnée d'un talon destiné à consigner le jour et l'heure de la remise et l'indication de la personne entre les mains de laquelle la lettre aurait été laissée. Aussitôt après la rentrée du facteur, le receveur des Postes serait tenu de renvoyer cette pièce au secrétariat du conseil, on éviterait ainsi l'intermédiaire d'un huissier toujours trop onéreux. Au jour fixé, les parties devraient comparaître et si l'une d'elles était absente, la cause serait jugée par défaut.

Les actes de procédure, les jugements et actes nécessaires à leur exécution, seraient rédigés, le moins onéreusement possible, sur papier visé pour timbre en débet. L'enregistrement aurait lieu également conformément à l'article 70 de la loi du 22 frimaire, an VII. Le visa pour timbre serait donné sur l'original au moment de son enregistrement. Ces dispositions seraient applicables aux causes portées en appel ou devant la Cour de Cassation. La partie qui succomberait serait condamnée aux dépens envers le Trésor.

Les articles 5 à 7, 10 à 22, 28 à 43, 46, 47, 54, 55, 130, 131, 156, 168 à 172, 442, 452 à 460, 474 et 480 du Code de procédure civile ; 2 de la loi du 11 avril 1838, 11, 12, 13 de la loi du 25 mai 1838 seraient applicables à la juridiction des Prud'hommes agricoles en tout ce qu'ils n'auraient pas de contraire aux dispositions ci-dessus émises.

§ 2. — *Exceptions.* — Les exceptions pourraient être opposées devant les conseils de prud'hommes.

§ 3. — *De l'appel*. — Les jugements rendus par les conseils de prud'hommes agricoles, pourraient quand il y aurait lieu à appel, être portés devant un magistrat du tribunal civil, assisté de deux agriculteurs, comme il a été dit dans le chapitre II à propos des appels des tribunaux d'agriculture. Une proposition de loi tendant à la création sur cette base de conseils d'appel des jugements des conseils de prud'hommes industriels a été présentée en 1885, par MM. Félix Faure et autres à une session extraordinaire de la Chambre des députés (1). Ce n'est donc point une idée nouvelle. L'institution des prud'hommes d'appel est également connue et pratiquée en Suisse, où elle a été constituée par la loi du 3 novembre 1883, qui organisa en même temps, les conseils de prud'hommes (2).

L'instruction et le jugement se feraient sommairement, le plus possible sans frais et surtout sans assistance d'hommes d'affaires. Les juges devraient statuer dans les deux mois à partir de l'acte d'appel.

§ 4. — *Récusation de prud'hommes*. — Les membres des conseils des prud'hommes pourraient être récusés : 1° quand ils seraient parents ou alliés des parties jusqu'au degré de cousin germain inclusivement ; 2° quand ils auraient un intérêt personnel à la contestation ; 3° s'ils avaient donné un avis écrit dans l'affaire ; 4° s'ils étaient bailleurs ou preneurs de l'une des parties en cause. La partie qui voudrait récuser un prud'homme serait tenue de former la récusation et d'en exposer les motifs dans une déclaration ré-

(1) *Journal officiel*, 1885. Chambre des députés, p. 703, n° 241.
(2) *Annuaire de Législation étrangère*, 1884, p. 607.

vêtue de sa signature qu'il remettrait au secrétaire
du conseil et dont il serait déclaré récépissé.

§ 5. — *Voies de recours*. — Tous les jugements des
prud'hommes en première instance ou en appel pourraient être susceptibles d'opposition, de tierce opposition et attaqués par la voie du recours en cassation
pour incompétence, excès de pouvoir ou violation de
la loi. Les pourvois seraient formés au plus tard
dans les trois jours à dater de la signification du
jugement et notifiés dans la huitaine à peine de déchéance. Dans la quinzaine de la notification, les
pièces seraient adressées à la Cour de cassation.
Pour ne point encourager les pourvois, une amende,
mais légère, pourrait être consignée. Le ministère
d'avocat ne serait point obligatoire. La Chambre civile de la Cour statuerait directement sans l'intermédiaire de la chambre des requêtes dans le mois, le
plus tôt possible. La prise à partie contre les conseils
ou quelques-uns de leurs membres serait porté à la
Cour d'appel du ressort. Les articles 4 et 5 du Code
civil, 505 à 516 du Code de procédure civile, 126, 127
et 185 du Code pénal seraient applicables.

§ 6. — *Discipline des prud'hommes*. — Les prud'
d'hommes qui, sans motifs légitimes et après mise en
demeure, se refuseraient à remplir le service auxquels
ils sont appelés seraient déclarés démissionnaires.
Le juge de paix constaterait le refus de service par
un procès-verbal contenant l'avis motivé du conseil,
les prud'hommes préalablement entendus et dûment
appelés. Si le conseil n'émettait pas d'avis motivé, il
serait passé outre. Tout prud'homme qui manquerait
gravement à ses devoirs dans l'exercice de ses fonc-

tions serait appelé par le Procureur de la République
devant le tribunal d'arrondissement, en la chambre du
conseil, pour s'expliquer sur les faits qui lui seraient
reprochés. La censure, la suspension, la déchéance
pourraient être prononcées ensuite sur le procès-
verbal transmis par le Procureur de la République
avec son avis au Ministre de la Justice, de qui relè-
veraient les prud'hommes. Dans le cas de déchéance,
le prud'homme ne pourrait plus être réélu. En cas de
plainte en prévarication, l'article 483, C. instr. crim.,
serait appliqué.

§ 7. — *Dissolution des conseils de prud'hommes*
agricoles. — Ils pourraient être dissous par décret
rendu en la forme de règlement d'administration publique sur la proposition du Ministre de la Justice
dont ils dépendraient. Dans ce derniers cas, les élections générales devraient avoir lieu sans retard dans
le mois de la dissolution.

CHAPITRE VI

Utilité des Conseils de prud'hommes agricoles.

A propos des tribunaux d'agriculture, nous avons énuméré un certain nombre d'objections qui pourraient être opposées à la nécessité, à l'utilité d'une nouvelle juridiction agricole. Elles pourraient retrouver ici leur place naturelle ainsi que les réfutations dont nous les avons fait suivre. Nous ne nous amuserons pas à les rééditer, ni les unes ni les autres.

Nous dirons simplement que les conseils de prud'hommes agricoles seraient d'une utilité incontestable. Ils constitueraient une sorte de tribunal de famille qui concilierait un grand nombre de différends et les réglerait sans retard et sans frais, en tenant largement compte des usages et de l'équité. Grâce à leur composition, comprenant un élément judiciaire dans la personne du juge de paix président et un élément populaire et professionnel dans celle des maîtres et des ouvriers d'agriculture, ils offriraient la garantie de la compétence juridique et technique et leurs décisions seraient facilement acceptées par les intéressés, qui ne pourraient suspecter leurs juges ni d'ignorance ni de partialité pour le capital et le travail.

Les conseils de prud'hommes agricoles donneraient satisfaction au penchant que les gens de campagne ont de porter devant un homme de leur rang, de leur

profession, généralement un personnage revêtu par
ses concitoyens d'une dignité qui lui confère une certaine autorité, par exemple, le maire de la commune,
ou son adjoint, ou même le garde champêtre, et de lui
soumettre leurs différends à raison de faits de la vie
des champs, pour les lui faire juger. En Lauragais,
cela est de pratique courante et, pour notre part, nous
avons assisté à des arrêts rendus patriarcalement sur
les lieux, en plein air, sommairement, absolument
sans aucune formalité, par une sorte de compromis
verbal et les parties s'en contenter parfaitement. En
vertu de cette tradition, dans cette même contrée, les
notaires inscrivent, dans tous les baux à ferme qu'ils
rédigent, sur la demande des contractants, une clause
qui est devenue presque de style, tant elle est exigée,
où un tiers de l'endroit est désigné d'avance comme
arbitre et juge en cas de contestation. Cela pour éviter d'aller devant la justice ordinaire et voir la difficulté tranchée avec plus de célérité, d'économie, de
compétence, suivant les habitudes du pays. La Révolution, qui voulut établir l'uniformité dans nos droits
et nos devoirs, l'unité dans la législation et la juridiction, ne réussit point dans ce nivellement et n'a
point pu faire disparaître de vieilles institutions qui,
sans doute, n'ont de nos jours aucune autorité légale,
mais gardent toujours auprès de ceux qui les em-
ploient une grande valeur morale. Voilà pourquoi
nous voyons encore des corporations agricoles, pour
ne parler que de celles-là, continuant, en vertu de
séculaires usages, à juger leurs membres comme
avant la chute de l'Ancien régime. A Cahors, les jardiniers, réunis dans la Confrérie de Saint-Fiacre, évi-

tent avec le plus grand soin de porter leurs différends
devant la juridiction ordinaire, les jugent entre eux,
acceptent et respectent les sentences prononcées par
leurs pairs. Il est très rare, paraît-il, de voir un membre de la Confrérie saisir la justice de droit commun
d'une affaire qu'il a portée préalablement devant ses
confrères. Quand il le fait, il est mis au ban de la
société. Cette tradition est, paraît-il, constante dans
presque toutes les corporations horticoles de France.
Nous pourrions encore citer sur ce point, près de
nous, la Société des horticulteurs de Toulouse, qui
suit cette antique coutume discute et apaise « en famille » les désaccords des sociétaires. De même à
Perpignan, où l'on retrouve encore de notables ves-
tiges de « la horta ». A un point de vue général, la
justice populaire agricole existe dans les campagnes
d'une façon en quelque sorte virtuelle, encouragée,
favorisée même par les juges de paix qui, dans certains cas, bien rares, nous le verrons un peu plus loin,
décident sur un procès d'agriculture. Comprenant le
désir secret des parties et pour masquer leur ignorance sur ce sujet, les juges de paix, venant souvent
de pays éloignés et ne connaissant par suite ni les
mœurs, ni les us, ni le langage de leur canton, font
des compromis et renvoient devant des hommes qu'ils
pensent être plus compétents qu'eux, pour régler le
litige ; ils se bornent à donner l'*exequatur* à leur décision, rappelant ainsi la mission des *arbitri* et du
préteur romains. Malheureusement, ces experts, souvent partiaux, toujours intéressés, peu dignes de la
délégation qui leur est confiée, ne pouvant être con-
trôlés par un juge incompétent, le trompent parfois et

10

lui font rendre des jugements dont le paysan, être simpliste, fait remonter la responsabilité à la magistrature tout entière.

Avec l'institution des prud'hommes, élus au suffrage universel, connus, estimés on évitera tout cela, on remettra au grand jour ce qui a toujours continué à exister dans l'ombre. L'Agriculture aura des juges agricoles, mieux que ne le sont actuellement les juges de paix dont la compétence en cette matière est insignifiante bien qu'on croit communément qu'ils aient des attributions étendues. C'est une erreur, les magistrats cantonaux sont généralement déssaisis en tout ce qui touche l'agriculture, ce qui est un autre argument en faveur de la création des conseils de prud'hommes agricoles. Nous terminons ce chapitre en démontrant l'incompétence, non pas, naturelle, mais légale des juges de paix.

APPENDICE. — *Incompétence des juges de paix en matière agricole établie du fait de la loi.* — Le législateur comprenant qu'il fallait trancher les litiges concernant le fermage, le colonage et le métayage rapidement et économiquement, a bien essayé sans doute dans la loi de 1838 d'en soumettre quelques-uns au juge de paix. Il a bien dit que le juge de paix serait compétent pour statuer sur la résiliation de bail; mais a-t-il ajouté à condition qu'elle sera fondée sur le seul défaut de paiement, ce qui exclut tout les autres cas qui sont les plus nombreux. Il a bien dit que le juge de paix serait compétent pour statuer sur les dégradations et pertes dans les cas prévus par les articles 1732-1735 du code civil, mais à condition que la résiliation de bail ne serait pas demandée. Il a bien dit que le juge de paix serait compétent pour statuer sur les réparations locatives mais à condition qu'il ne s'agira pas des autres réparations stipulées dans le bail, des améliorations, changements, impenses extraordinaires dont la chose louée aura profité. Enfin dans la loi du 16-18 juillet 1889, le législateur a bien dit que le juge de paix serait compétent pour prononcer sur les difficultés relative aux articles du compte entre le propriétaire, le colon le métayer, mais à la condition que les obligations résultant du contrat ne seront pas constestées. De telle sorte que de restrictions en restrictions, sans parler d'un nombre considérable de litiges qui naissent de la vie rurale et que le législateur a exclus de sa compétence, le juge de paix à qui en apparence on a confié la solution de ces affaires se trouve presque ioujours dessaisi soit par la nature du procès soit par un simple incident de de procédure, à la disposition d'un des plaideurs, et que son pouvoir à ce point de vue est aussi vain que la liberté dont parle Figaro !

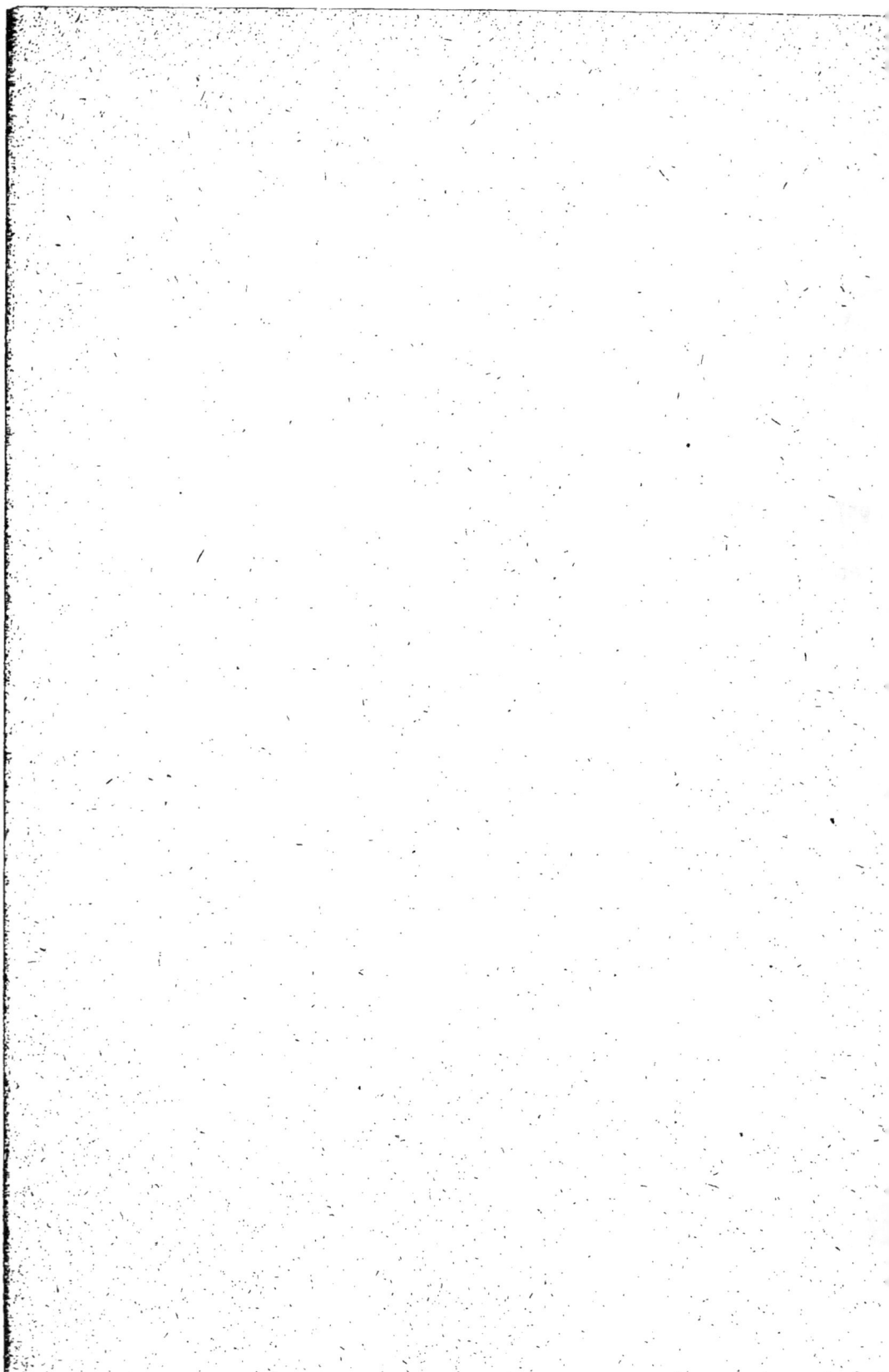

CONCLUSION

———

Nous avons ainsi exposé avec le plus de clarté possible l'organisation, la compétence, la procédure de l'une et de l'autre juridiction qui pourraient être créées en faveur de l'agriculture. Nous en avons présenté aussi avec une grande impartialité les avantages et les inconvénients, les objections et les réfutations. Il ne reste plus maintenant qu'à tirer la conclusion de tout ce qui vient d'être dit à ce sujet et à manifester notre opinion sur celle qui serait à notre avis préférable de voir instituer. Dans une certaine mesure, de prime abord, on comprendrait que les tribunaux d'agriculture et les conseils de prud'hommes agricoles pourraient coexister les uns à côté des autres ; les premiers ayant en matière rurale des attributions très considérables, très larges ; les seconds beaucoup plus restreintes et remplissant le rôle des juges de paix dans le droit commun ; les uns pouvant voir leurs décisions appelées devant les autres. N'a-t-on pas d'ailleurs déjà eu à peu près l'idée d'un semblable système appliqué exclusivement aux commerçants ? Une proposition de loi a été en effet déposée par M. Edouard Lockroy tendant à créer des prud'hommes commerciaux (1) sans cependant modifier rien à l'ensemble des lois existantes sur les conseils des prud'hommes industriels et les tribunaux de commerce. Elle a été même votée par la Chambre des Députés le 17 janvier 1888 et transmise au Sénat le 20 janvier suivant où elle est encore. Mais nous ne nous sommes point arrêté à cette pensée car nous avons estimé et cela, croyons-nous à bon droit, qu'il n'est point nécessaire à nos agriculteurs d'avoir plusieurs juridictions spéciales pour les juger ; une seule mais bonne suffira à leurs besoins et à leurs désirs. Que de juges ! que de juges ! pourrait-on autrement dire en parodiant une exclamation célèbre.

Laquelle donc choisir entre les deux dont nous avons présenté l'organisme dans les chapitres précédents ? Pour nous, la question ne nous embarrassera pas longtemps et nous répondrons sans hésitation : les tribunaux d'agriculture. Ceux là seuls donnent l'impression d'une véritable et sérieuse juridiction. Au reste, modelés comme ils le seraient, c'est-à-dire permettant aux maîtres et aux ouvriers d'agriculture, l'accession à cette magistrature, ils auraient par conséquent, la même composition que les conseils de prud'hommes. Ils en rempliraient d'autre part le rôle puisque leur compétence plus étendue, leur procédure aussi simple, aussi rapide et aussi bon marché, absorberaient et remplaceraient les leurs. Le législateur semble d'ailleurs avoir compris la même chose

(1) *Journal officiel*, 1888. Annexes du Sénat, n° 23.

puisque sur les deux propositions de loi déposées au
bureau de la Chambre des députés, ayant pour but
d'instituer, l'une des tribunaux d'agriculture, l'autre
des conseils de prud'hommes agricoles, il a porté son
attention sur les premiers. Ceux-ci ont été favorable-
ment accueillis, et une commission parlementaire a
estimé qu'ils méritaient d'être étudiés et pris en
considération (1).

C'est donc sous la forme de tribunaux d'agriculture que nous déclarons en terminant réclamer de
préférence à toute autre en faveur des classes agricoles, l'extension de la juridiction commerciale. Nous
voulons assimiler les cultivateurs aux commerçants,
nous souhaitons que les uns et les antres soient soumis aux mêmes règles, aient les mêmes privilèges et
nous rappelons sur ce point l'attention des fidèles
défenseurs de la cause rurale en exprimant l'espoir
qu'ils poursuivront à nouveau le même but que nous
leurs indiquons. L'agriculture ne doit pas être moins
bien traitée que les autres branches de l'activité nationale, elle est plus que l'industrie manufacturière,
plus que l'industrie commerciale, l'*industrie* dans le
vrai sens du mot, car elle est la mère, la source de
toutes les autres et elle les renferme toutes en elle-
même. Elle est l'industrie manufacturière car suivant
qu'elle est plus ou moins bien pratiquée, elle donne
des produits plus ou moins parfaits. Elle est aussi le
commerce car le cultivateur ne laboure pas son

(1) *Journal officiel*, 1897. Annexes de la Chambre des députés,
nº 2253, p. 208, 6 février 1897.

champ pour le plaisir unique d'obtenir des récoltes abondantes. Il s'adonne à la production des plantes ou des animaux, pour échanger des produits contre d'autres produits en réalisant les bénéfices les plus élevés, comme tous les industriels, comme tous les commerçants. Comme eux il doit connaître les conditions d'organisation, les besoins de la société dans laquelle il vit, se rendre compte des avantages ou des inconvénients qui résultent de l'adoption de tel ou tel système de culture ou de telle autre opération agricole.

L'agriculture pendant des siècles s'est montrée le plus immobile des arts, le plus soumis à la tradition, le plus résigné à la routine, le plus défiant de l'intelligence et de la puissance humaines, à l'inverse de l'industrie proprement dite qui est allée se développant de siècle en siècle pour arriver, à celui où nous vivons, à une intensité si grande qu'on se demande si elle est parvenue au bout de sa course, si elle va subir maintenant un temps d'arrêt après l'effort prodigieux qu'elle a réalisé en ce dix-neuvième siècle, ou si au contraire elle va continuer de plus belle sa marche ascendante au cours de ce vingtième siècle qui va s'ouvrir, en présentant au monde émerveillé les plus étonnantes découvertes. Mais le progrès qui d'abord était allé de l'agriculture à l'industrie, de la campagne à la ville, revient par un juste retour des choses d'ici-bas de l'industrie à l'agriculture, de la ville à la campagne. Depuis 1789, date qui a été en cela aussi une révolution, mais plus féconde, plus utile et plus apaisante que la *grande*, l'agriculture a été en quelque sorte transformée par les découvertes phy-

siques, chimiques et naturelles. Le système des ja-
chères a été abandonné comme funeste à la culture
et on s'est livré au perfectionnement des assolements.
Notre pays s'est enrichi de la culture de la pomme de
terre, de la betterave et autres qui alimentent de
leurs produits l'industrie manufacturière et permet-
tent notamment la production du sucre autrement
qu'avec la canne de ce nom. De bonnes méthodes
d'irrigation économisant et utilisant les dons du ciel,
assainissant les terres trop humides, des précieux
amendements, de nouveaux engrais qui créent de la
terre fertile sur un sol jusqu'ici ingrat et improductif
ont été appliqués. Les études expérimentales de la
zoologie ont amélioré par une savante et persévé-
rante sélection les races domestiques tant animales
que végétales. La mécanique agricole a créé en cette
fin de siécle d'ingénieuses machines à faucher, mois-
sonner, battre, semer, labourer, à faire en un mot
presque tous les travaux agricoles en ayant le moins
possible recours à la main-d'œuvre de l'homme. Les
procédés employés à battre le lait, à fabriquer les fro-
mages, les vins, les cidres, les bières, les alcools et
autres produits agricoles sont tellement industriels,
que c'est avec raison qu'on dit l'industrie froma-
gère, l'industrie viticole, etc., qui amènent également
à dire plus largement l'industrie agricole. L'agriculture manufacturière a remplacé l'agriculture naturelle, chère à nos pères. Une véritable, une grande
révolution économique s'est produite, en cela aussi
et ne paraît pas être encore achevée ; de nouvelles sur-
prises semblent nous être encore réservées. Dans un
rapport sur la question agricole, en 1880 M. Josseau,

membre du Parlement, a dit : « Les conditions de l'agriculture sont bien différentes aujourd'hui de ce qu'elles étaient au commencement du siècle, au moment de l'élaboration du Code civil. La rapidité des moyens de transport aujourd'hui en usage, les facilités d'échanges qui en sont résultées, la mise en culture des contrées nouvelles, l'emploi d'un outillage nouveau ont bouleversé les vieux errements de l'agriculture. L'agriculture nationale ne pourra se soutenir que si elle fait un grand effort pour transformer et perfectionner ses méthodes. Association, emploi de machines, crédit agricole..., etc. *Tout doit être essayé dans ce but.* » Nous sommes d'accord avec M. Josseau et nous estimons aussi que pour ne point porter atteinte au développement de notre agriculture il est une réforme qui a fait le fond de ce travail, qui s'impose. Les lenteurs de la procédure civile sont tout à fait incompatibles avec les nécessités de l'agriculture actuelle, la nature n'attend pas, elle ignore le Code et ses lenteurs (1). Il n'est point rationnel qu'on ne lui étende pas les bienfaits de la juridiction consulaire. Aussi concluons-nous à ce qu'on la mette sur ce point comme elle l'est sur tant d'autres sur le même pied d'égalité que le commerce et l'industrie. « Elle est, a dit J.-B. Say, une manufacture de produits agricole : la terre n'est qu'une vaste machine dont se sert l'homme pour la production de ses denrées. Dès lors pourquoi distinguer l'emploi de cette machine de

---

(1) MM. Cluseret et Michelin. Exposé des motifs de leur proposition de loi du 21 janvier 1897.

celui de tout autre machine? Est-ce qu'aujourd'hui les procédés agricoles ne se rapprochent pas de plus en plus des procédés industriels? La culture de la terre exige les mêmes instruments, les mêmes capitaux qu'une manufacture quelconque, pourquoi assigner un caractère si différent à des opérations si analogues?

Le Président de la Thèse,

L. DESPIAU.

Vu : *Le Doyen de la Faculté de droit,*

J. PAGET.

Vu et permis d'imprimer :

Toulouse, le 21 février 1899.

P. le Recteur,
Président du Conseil de l'Université,
Le Doyen délégué,

E. MÉRIMÉ

TABLE DES MATIÈRES

DEUXIÈME PARTIE

La juridiction consulaire étendue à l'agriculture.

Toulouse. — Imprimerie Saint-Cyprien, allées de Garonne, 27.

www.ingramcontent.com/pod-product-compliance
Lightning Source LLC
Chambersburg PA
CBHW050119210326
41519CB00015BA/4020